Dieses Buch widme ich
meiner Frau Kerstin,
meinen Eltern und allen,
die mir in den schwersten Jahren meines Lebens
liebevoll zur Seite standen.

Norbert Ammon

Absturz Richtung Himmel

Begegnungen mit Gott in der Tiefe

CLV

Christliche
Literatur-Verbreitung
Postfach 11 01 35 • 33661 Bielefeld

1. Auflage 2004

CLV • Christliche Literatur-Verbreitung
Postfach 110135 • 33661 Bielefeld
CLV im Internet: www.clv.de
Satz: CLV
Umschlag: henrik thomas, agentur für kommunikation & marketing, siegen
Druck und Bindung: Ebner & Spiegel, Ulm

ISBN 3-89397-955-7

Inhalt

Vorwort

Als ich erstmals darauf angesprochen wurde, ob ich meine Krankheits-Erlebnisse in Form eines Buches festhalten wolle, reagierte ich zurückweisend: »Gibt es denn nicht schon genug Geschichten von Kranken und Leidenden? Außerdem könnte mein Krankheitsverlauf auf manche Leser deprimierend wirken.«

Was mich schließlich doch zum Schreiben dieses Buches bewegte, war die Ermutigung von Wilfried und Sylvia Plock, Dieter Schmidt und anderen Freunden. Sie meinten, dass Gottes Wirken in meinem Leben für viele Menschen Trost und Ermutigung sein könnte. Nach längerem Zögern machte ich mich Anfang 2003 an die Arbeit. Grundlage dafür waren über 300 DIN-A4-Seiten Tagebuch, die ich während meiner Krankheit zur Verarbeitung meines Leides aufgezeichnet hatte.

Dankbar bin ich allen, die mich während des Schreibens im Gebet unterstützt und immer wieder zum Weitermachen motiviert haben. Dankbar bin ich auch allen, die das Manuskript überarbeitet und ihre Ideen eingebracht haben. Dankbar bin ich vor allem meiner unsagbar wertvollen Frau Kerstin, die bei der Niederschrift meiner Erfahrungen im Leid genauso liebevoll mitgeholfen hat wie sie es beim Tragen des Leides bis heute tut.

Auch folgende Gedanken über die Langzeitwirkung des gedruckten Wortes waren mir ein ständiger Ansporn: »Es weicht niemals zurück, zeigt nie Feigheit; es kommt nie in Versuchung, Zugeständnisse zu machen; es wird nie müde und lässt sich nie entmutigen; es reist billig; es wirkt während wir schlafen, verliert nie die Fassung und wirkt auch dann noch weiter, wenn wir schon lange tot sind. Es trifft den Menschen immer in der richtigen inneren Verfassung; denn es spricht ihn nur an, wenn er sich zum Lesen Zeit nimmt; es steht immer zu dem, was es gesagt hat; es ist wie ein Angelköder, der immer im Wasser hängt.«

Mein größter Wunsch ist, dass dieses Buch einen kleinen Beitrag dazu leistet, Jesus Christus besser kennen zu lernen, und zwar als einen Gott, dessen Wege wir Menschen nicht immer verstehen, dem wir jedoch voll und ganz vertrauen können. Er meint es gut, selbst wenn es gar nicht gut aussieht. Er legt Lasten auf, hilft aber auch, sie zu tragen. Er macht keine Fehler – niemals! Das habe ich in bislang sechs Krankheitsjahren durchwegs erfahren.

[1] Ich wollte ein Gewinner sein

Es ist August im Jahr 2003: Eine laue Sommernacht, klarer Sternenhimmel. Uns umgibt eine angenehme Stille. Im Hintergrund zirpen Grillen und in der Ferne hört man Frösche quaken. Lavendelduft umhüllt uns. Die Kerzenflamme flackert im sanften Wind. In den Gläsern vor uns auf dem Tisch funkelt ein vollmundiger Rotwein und es locken ausgewählte Käsesorten mit knusprigem französischem Baguette, die dem Gaumen einen besonderen Genuss verheißen. Ich sitze mit meiner geliebten Frau und netten Freunden auf unserer Terrasse, genieße die romantische Stimmung. Intensive Lebensfreude erfüllt mich. Da ist kein Gedanke an Schmerz oder Leid. Da sind keine Sorgen, keine Angst. Ich fühle mich wie im Urlaub. Das Leben ist schön! Die wunderbare Atmosphäre lässt für einen Moment alles vergessen.

Auch meinen Krankenhaus-Aufenthalt im August 1996. Damals war alles ganz anders: Draußen hing der Himmel bleischwer voller grauer Wolken. Drinnen erhellte grelles Neonlicht den Raum. Ein Monitor piepste monoton. Beißender Geruch von Desinfektionsmitteln und Wundtinkturen stieg mir in die Nase. Vor mir stand auf einem Plastiktablett ein liebloses Abendessen: Latschiges Weißbrot, dazu blasse Dosenwurst, konfektionierter Streichkäse und Fencheltee. Ich lag auf der Intensivstation des Krankenhauses und war noch benebelt von der Narkose. Bei der Operation war mein linker Lungenflügel zusammen gefallen – ein Pneumothorax, wie der Arzt es nannte. In meiner Seite steckte ein Schlauch, mit dem durch Unterdruck Flüssigkeit aus meinem Brustraum abgesaugt wurde. Jeder Atemzug verursachte heftige Schmerzen, jede Bewegung tat weh. Ich fühlte mich sterbenselend und hatte Angst. Das Essen ließ ich unberührt stehen. Schwere Gedanken kreisten in meinem Kopf, ein dumpfes Gefühl der Unsicherheit erfüllte mich und ich wurde gequält von der bangen Frage: »Wird die soeben entnommene Gewebeprobe den Verdacht auf Krebs bestätigen?«

Beide Situationen beschreiben Momente aus den letzten sieben Jahren meines Lebens. Manchmal kam ich mir vor wie auf einer Berg- und Talfahrt: Es ging in sonnige Höhen, aber auch durch dunkle Tiefen. Schönes und Schweres, Glück und Leid lagen nahe zusammen.

Begonnen hat alles am 1. Januar 1968 in Schwabach bei Nürnberg: Eigentlich sollte meine Geburt ein schöner Neujahrsgruß an meine Eltern sein. Aber schon bei meinem Eintritt ins Erdendasein ging es um Leben oder Tod: Die Nabelschnur war zweimal um meinen Hals gewickelt. Ich wäre fast erstickt.

Mit vier Jahren war ich so schüchtern, dass ich mich weigerte, ohne meine Schwester Martina in den Kindergarten zu gehen. Im Halbjahreszeugnis der 1. Klasse stand die Bemerkung: »Er scheut sich zu sprechen.« Meine erste Schularbeit – ein Diktat – hatte ich verhauen: 5-6 stand ganz groß vorne drauf. Es tat mir weh, wenn andere Kinder spotteten: »Du hast Schlitzaugen, siehst aus wie ein Chinese.« Schließlich war ich mit meinem Aussehen sowieso nicht zufrieden. Solche Begebenheiten schwächten mein ohnehin geringes Selbstwertgefühl.

Dabei wuchs ich unter guten Rahmenbedingungen auf: Meine Eltern nahmen sich viel Zeit für meine beiden jüngeren Geschwister und mich. Wir verbrachten schöne Urlaube in den Bergen, spielten im Garten oder im nahe liegenden Wald. Ernsthafte Streitereien in der Verwandtschaft kannte ich genauso wenig wie Einsamkeit. Bereits mit drei Jahren lernte ich Andreas kennen, einen Jungen aus der Nachbarschaft, der zu meinem »Sandkastenfreund« wurde. Seitdem hatte ich immer Freunde, mit denen ich mich gut verstand. Sie gaben mir den bis heute verbreiteten Spitznamen Nobby.

Vielleicht spielte meine Veranlagung dabei eine Rolle, vielleicht frühkindliche Erlebnisse, vielleicht auch meine anfänglichen Misserfolge in der Schule – jedenfalls entwickelte ich schon in meiner Kindheit unterbewusst das Lebens- und Denkmuster: »Ich will kein Verlierer sein, sondern ein Gewinner« … und dafür investierte ich viel Energie und Zeit. In der Schule begann ich, fleißig zu lernen und konnte dadurch meine Leistung Jahr für Jahr steigern. Die achte Klasse musste ich nicht wiederholen, obwohl ich fast das halbe Schuljahr verpasst hatte: Auf dem Heimweg von der Schule war ich wie immer mit dem Fahrrad unterwegs, als mich eine Frau beim Rückwärtsfahren aus ihrer Einfahrt erfasste. Frontal knallte ich gegen ihr Auto, flog im hohen Bogen darüber und erlitt dabei einen komplizierten

Oberschenkelbruch. Zwei Operationen waren nötig und viel Training, um wieder den Anschluss zu finden, insbesondere im Hauptfach Sport. Doch es klappte. Im 10. Schuljahr war mein Notendurchschnitt so gut, dass ich als der zweitbeste Absolvent der gesamten Realschule ausgezeichnet wurde.

Auch im Sport entdeckte ich Begabungen, fing an zu trainieren und rückte dadurch sowohl im Schulsport als auch im Schwimmverein schnell in die erste Reihe auf. Das stärkte mein Selbstbewusstsein und motivierte mich, noch härter zu trainieren. Was ich tat, tat ich von ganzem Herzen und mit vollem Einsatz. Disziplin war mir anscheinend in die Wiege gelegt. Ohne innerlich hin- und hergerissen zu sein, konnte ich auf das Spielen mit Freunden oder auf einen spannenden Film im Fernsehen verzichten, falls es nötig war, um mit meinen Hausaufgaben fertig zu werden oder an Schwimmwettkämpfen teilzunehmen.

Trotz meines Engagements in der Schule und im Sport blieb genug Zeit für andere Aktivitäten. Ich suchte das Abenteuer: Als Kind am Lagerfeuer, beim Baden und Zelten an dem nahe liegenden Fluss Rednitz. Später auf Reisen, beispielsweise mit dem Fahrrad durch Österreich, mit dem Zug durch Westeuropa oder beim Skilaufen und Bergsteigen in den Alpen. Wie gut konnte ich dabei vom Alltag abschalten! Ich selbst wurde unwichtiger und kleiner. Der Blick fiel auf Schönheiten der Natur. Schneebedeckte Bergriesen und klare Sternenhimmel faszinierten mich. Wenn ich nicht unterwegs war, verbrachte ich die Wochenenden mit Freunden in Kneipen und in Diskotheken. Wir waren eine tolle Clique und verbrachten viele schöne Stunden miteinander.

Ausbildung und Arbeit

Nach der Realschule bekam ich den ersehnten Ausbildungsplatz bei der Deutschen Bank. Wie so oft in meinem Leben hatte ich auch hier gewisse Startprobleme. Tollpatschig tunkte ich beim Begrüßungsessen am ersten Arbeitstag meine Krawattenspitze in die Suppe. Anschließend zerbrach ich mir den Kopf darüber, welchen Eindruck nun der neben mir sitzende Personalchef wohl von mir habe. Auch hinter dem Banktresen muss ich mit meinen 16 Jahren recht unbeholfen gewirkt haben. Doch mein großes Interesse für den Beruf und mein Fleiß verhalfen mir zu einem sehr guten Abschluss meiner Ausbildung.

Ich wurde in das Angestelltenverhältnis übernommen und arbeitete mit einer 15-monatigen Bundeswehr-Pause etwa eineinhalb Jahre als Kundenberater. Nach wie vor fand ich meinen Beruf inhaltlich attraktiv. Besonders genoss ich Seminare, auf denen ich Neues hinzulernen durfte. Was mir dagegen von Anfang an nicht behagte war die Tatsache, dass meine Leistung als Bankkaufmann zunehmend an den verkauften Sparverträgen, Krediten oder Investmentfonds gemessen wurde. Gerne beriet ich Menschen, die zu mir kamen, um Geld anzulegen. Doch es war mir eher lästig, aktiv auf Kunden zuzugehen und sie zu Hause anzurufen, um im Rahmen der neuesten Bauspar-Verkaufsaktion möglichst viele neue Verträge abzuschließen.

Gefühle und Religion

Mein Gefühlsleben war ungewöhnlich stabil. Natürlich war ich immer wieder verliebt und immer wieder in andere Mädchen. Doch solche Empfindungen vereinnahmten nicht meine Gedanken. Den ersten Liebesbrief, den ich mit 14 Jahren bekam, warf ich unbeantwortet in den Papierkorb, weil ich keinerlei Interesse an dieser Beziehung hatte. Um selbst auf das andere Geschlecht zuzugehen, war ich bis zu meinem 18. Lebensjahr zu schüchtern. Danach lernte ich immer wieder junge Frauen kennen, pflegte platonische Freundschaften mit ihnen, hatte aber keine sexuellen Kontakte. Das wollte ich auch nicht. Schon in jungen Jahren hatte ich Sehnsucht nach einer dauerhaften Beziehung, nach der Frau fürs Leben, mit der ich eine Familie gründen und alt werden konnte.

Religiöse Dinge spielten in meinem Leben keine ernsthafte Rolle. Wie in der evangelischen Kirche üblich, wurde ich als Kind getauft. Es war eine gewisse Frömmigkeit vorhanden. »Komm Herr Jesus, sei unser Gast, und segne, was du uns bescheret hast« war unser tägliches Tischgebet in der Familie. Außerdem kniete ich als Kind oft vor meinem Bett und betete das »Vaterunser« oder: »Himmelsvater mach mich fromm, damit ich in den Himmel komm.« Auch an Information über den evangelischen Glauben mangelte es nicht: Im Religionsunterricht, im sonntäglichen Kindergottesdienst, im Konfirmanden-Unterricht ... überall wurde von Jesus erzählt. Doch das waren eher Pflichtveranstaltungen für mich. Tiefere Gedanken über Gott machte ich mir nicht. Bei der Konfirmation ging es mir nicht in erster Linie um die Bestätigung meiner Taufe oder um eine bewusste Hinwendung zu Jesus Christus, sondern eher um die Geschenke. Endlich konnte ich mir eine Stereoanlage leisten. Ich war ein Namenschrist. Hier, auf diesem Planeten, wollte ich glücklich werden und dafür kämpfte ich.

[2] Ein Bergabsturz mit Folgen

Im Frühjahr 1989 geschah etwas Einschneidendes: Zusammen mit meinem Freund Uwe war ich zum Bergsteigen gefahren. Auf einem schmalen, schneebedeckten Pfad rutschte ich aus und glitt über Fels und Eis etwa 100 Meter in die Tiefe. Das Resultat: Zwei gebrochene Arme, ein gebrochenes Bein, tiefe Schürfwunden und ein zweiwöchiger Krankenhaus-Aufenthalt in Österreich. Nahezu bewegungsunfähig und an das Bett gebunden hatte ich nun viel Zeit zum Nachdenken. Zwei Fragen gingen mir nicht aus dem Kopf: Was kommt nach dem Tod? Wie leicht hätte ich mir bei diesem Absturz das Genick brechen können! Und wie kann ich dieses kurze Leben sinnvoll gestalten?

Ich begriff: »Du bist zwar erfolgreich. Du hast bisher alles erreicht, was du dir vorgenommen hast. Aber das kann doch nicht alles sein! Das Leben muss mehr zu bieten haben als von Montag bis Freitag zu arbeiten und am Wochenende Sport zu treiben und in die Diskothek zu gehen.« Es musste sich etwas ändern! Ich wollte mein kurzes Leben besser auskosten als bisher. So fing ich an, nach wahrem Glück zu suchen.

Diese Suche hatte Konsequenzen. Ich gestand mir ein, mit meinem Beruf unzufrieden zu sein. Zunächst fiel es mir schwer, gegen die vehementen Einsprüche meines Vaters und meiner Vorgesetzten meinen sicheren Arbeitsplatz bei der Bank zu kündigen und in eine unsichere Zukunft zu gehen. Doch ich dachte, es sei besser, mal einen Fehler zu machen, als das Leben mit dem Bedauern von verpassten Gelegenheiten zu verschwenden. Als ein Kollege den gleichen Schritt ging und mich einige Freunde dazu ermutigten, wagte ich es schließlich: Ich kündigte bei der Deutschen Bank und meldete mich ab September 1989 an der Staatlichen Berufsoberschule in Nürnberg für eine zweijährige Ausbildung zur Fachgebundenen Hochschulreife an.

Vor allem ging es mir darum, mein Allgemeinwissen zu erweitern. Ich wollte mehr Zeit und Muße haben, über die wesentlichen Dinge des Lebens nachzudenken. Nun hatte ich zwar weniger Freizeit als in der Bank. Doch ich war glücklicher. So war es immer in meinem Leben: Wenn ich überzeugt war, auf dem richtigen Weg zu sein, war ich zufrieden, unabhängig von der Arbeitsbelastung, sogar unabhängig davon, ob alles nach Plan lief.

Auf der Suche nach Sinn und Glück

Neben Schule und Sport begann ich, alles zu erforschen, was mir auf der Suche nach einem erfüllten Leben helfen könnte: Autogenes Training, Bücher von Erich Fromm, Esoterik, die Erfolgsliteratur … aber nichts half mir wirklich weiter.

Aus den Büchern von Erich Fromm lernte ich beispielsweise, wie elend unsere kapitalistische Gesellschaft ist: Wir meinen, nach eigenen Interessen zu handeln, sind jedoch in Wirklichkeit stark von den Gesetzen des Marktes beeinflusst. Unsere Vergleichs-Mentalität drängt uns dazu, besser sein zu wollen als andere. Und unser Marketing-Charakter veranlasst uns dazu, uns um die Erhöhung unseres »Wertes« am Arbeitsmarkt zu bemühen. Materielle Werte stehen im Mittelpunkt unseres Denkens und Handelns. Aber wer bin ich, wenn ich bin, was ich habe, und verliere, was ich habe? Eigentum macht unfrei, fördert die Angst, etwas zu verlieren. Fromm erklärte, was der bessere Weg ist: Lieben, teilen, geben, Dinge genießen können, auch wenn sie nicht mein Eigentum sind. Doch er sagte nicht, wie man zu dieser Haltung kommt, wie man frei wird von seiner Vergleichs-Mentalität und dem Marketing-Charakter.

Die »Erfolgsliteratur« vermittelte mir: »Hilf dir selbst, sonst hilft dir keiner!« Ich probierte die angebotenen Strategien zu einem glücklichen Leben aus. Zuerst sollte ich mir Ziele setzen: Ich wollte einen Beruf, der Spaß macht und bei dem ich genug verdiene, um mir ein schönes Haus, ein schnelles Auto sowie zwei Urlaube pro Jahr leisten zu können. Ich wollte gesund, sportlich und gebildet sein, gute Freunde haben und vor allem eine liebe, hübsche Frau. Die Ziele standen fest. Nun ging es darum, hart dafür zu arbeiten und schon den Weg dorthin zu genießen. Ein Stück weit gelang das, denn der Schulstoff interessierte mich sehr, das Lernen machte Freude, ich verbesserte meine Chancen auf einen guten Arbeitsplatz. Und es blieb noch genug Freiraum, um zu reisen, auszugehen und interessante Menschen kennen zu lernen.

Insofern war ich auf meiner Suche nach Glück ein Stück weitergekommen – zumindest tat ich nun das, was ich wirklich wollte. Aber das Entscheidende fehlte noch. Die vermeintliche Erfolgsliteratur zeigte mir zwar auf, wie ich dieses irdische Leben gestalten kann. Auf die wirklich wichtigen Fragen hatte sie dagegen keine Antworten: »Wie finde ich den ersehnten Frieden im Herzen? Was kommt nach dem Tod? Wie werde ich frei von meiner Furcht vor dem Tod?« Ich beobachtete, dass mein Leben wie ein Hauch vergeht und fühlte mich gehetzt bei dem Gedanken, diese knappe Zeit möglichst erfüllt verbringen zu wollen.

Kampf gegen den Neid

Außerdem machte mich mein Ehrgeiz unfrei und unzufrieden. Gerne hätte ich alles leichter genommen. Doch ich war Perfektionist und konnte meine Vergleichs-Mentalität nicht abstellen. Sie kam in Form von Neid auf meinen jüngeren Bruder Gerald zum Ausdruck. Er war in vielerlei Hinsicht so, wie ich gerne sein wollte. Ob ich es wollte oder nicht – immer wieder ertappte ich mich dabei, mich mit ihm zu vergleichen: »Er ist intelligenter als ich, hat in der Schule bessere Noten und damit bessere Zukunftsaussichten. Er ist breiter interessiert als ich und hat deshalb ein besseres Allgemeinwissen …«

Da wir beide bei meinen Eltern wohnten, sah ich täglich seine Stärken und meine Schwächen. Es begann ganz klein, langsam machte sich ein wenig Missgunst breit und mit der Zeit wucherte dieses Unkraut. Irgendwann konnte ich meinen Neid nicht mehr verbergen. Er kam in Form von bissigen Bemerkungen meinem Bruder gegenüber zum Vorschein, worunter unsere Beziehung sehr litt.

Unbedingt wollte ich von meinen neidischen Gedanken frei werden. Erneut suchte ich in Büchern nach Hilfe. Darin wurden mir meine Probleme aufgezeigt: Schadenfreude, Unfähigkeit zur Bewunderung, krampfhaftes Streben nach Überlegenheit. Mir wurde klar: »Der Neider sieht, zu seiner eigenen Pein, nur alles Fremde groß und alles Eigene klein.« Wer neidisch ist, nimmt das eigene Glück nicht wahr. Er wertet das ab, was er hat, und kann nur das wertschätzen, was er nicht hat.

Die Schwierigkeiten wurden in der Literatur ausführlich erläutert. Eine wirksame Methode, sie in den Griff zu bekommen, fand ich erneut nicht darin. Es wurde empfohlen, selbst das zu tun, was man an der beneideten Person bewundert. Doch das half nichts. Gerald würde immer der Überlegene bleiben. Anstatt frei davon zu werden, entwickelte sich mein Neid in eine nahezu krankhafte Form.

[3] Frieden mit Gott

Meine Suche nach Sinn und Glück ging weiter, insgesamt eineinhalb Jahre lang, bis ich in der Zeitung die Einladung der Landeskirchlichen Gemeinschaft Schwabach zu einem Vortrag über den »Sinn des Lebens« entdeckte. Genau das suchte ich. Deshalb gab es nichts zu überlegen. Ich war dabei, als am 5. Oktober 1990 der Prediger Jürgen Mette über »mein Thema« sprach.

Die Botschaft dieses Abends war völlig konträr zu allem, was ich vorher gelesen hatte. Überall ging es darum, wie ich mir selbst helfen kann. Nun hörte ich, dass ich aus eigener Kraft nicht weiterkomme und Gottes Hilfe brauche.

Jürgen Mette erklärte anhand der Bibel, dass ich mein Leben eines Tages vor einem heiligen Gott verantworten muss. Dieser Gott wird mich schuldig sprechen, weil ich selbst seine zwei wichtigsten Gebote nicht befolgt hatte: »Du sollst den Herrn, deinen Gott, lieben mit deinem ganzen Herzen und mit deiner ganzen Seele und mit deinem ganzen Verstand« und »Du sollst deinen Nächsten lieben wie dich selbst« (Mt 22,37.39). Im Gegensatz dazu liebte ich vor allem mich selbst. Um Gott hatte ich mich nie ernsthaft gekümmert. Schnell verstand ich: »Mit meinem aus dem eigenen Blickwinkel anständigen Leben kann ich diesen Gott nicht beeindrucken. Er muss mich verurteilen. Wenn ich den Bergabsturz nicht überlebt hätte, müsste ich die Ewigkeit in der

Hölle verbringen, an einem unbeschreiblich schrecklichen Ort.«

Zum Glück gibt es einen Weg, das Gericht Gottes zu umgehen. Die Bibel sagt in Johannes 3,16: »Denn Gott hat die Menschen so sehr geliebt, dass er seinen einzigen Sohn für sie hergab. Jeder, der an ihn glaubt, wird nicht verloren gehen, sondern das ewige Leben haben.« Welch ein Geschenk: Jesus Christus hat die Strafe, die ich verdient habe, auf sich genommen. Er ist für mich persönlich ans Kreuz gegangen, hat gewissermaßen für mich die Hölle durchlebt, damit ich nicht verdammt werde, sondern in den Himmel komme. Die Liebe Jesu überwältigte mich.

Während die meisten Menschen schwere innerliche Kämpfe auszufechten haben, bevor sie das Angebot Gottes annehmen, ging ich ohne länger zu zögern auf den Prediger zu und sagte: »Ich glaube! Und ich möchte dieses neue, ewige Leben haben.« Daraufhin beteten wir gemeinsam. Ich bekannte Jesus Christus alle Sünden, die mir einfielen und bat ihn um Vergebung. Endlich hatte ich das gefunden, was ich im Verborgenen meines Herzens stets gesucht hatte: Frieden mit Gott, die Gewissheit, eines Tages in den Himmel zu kommen und ein sinnvolles Leben unter der Führung Gottes.

Wie bereits erwähnt, hatte ich vorher schon viel von Jesus gehört. Doch mir war nicht bewusst gewesen, dass ich mich ausdrücklich für ein Leben mit ihm entscheiden muss, um von meiner Sündenschuld freigesprochen zu werden. Ich wusste auch nicht, dass er den ersten Platz in meinem Herzen einnehmen möchte.

Damals war mir die Tragweite noch nicht klar. Heute weiß ich: Am 5. Oktober 1990 traf ich die wichtigste Entscheidung meines Lebens. Ohne den Bergabsturz hätte ich vielleicht nie intensiver über Leben, Tod und die Person Jesus Christus nachgedacht. Deshalb kann ich von ganzem Herzen bezeugen: Ich bin dankbar für diesen Unfall – nicht für die Schmerzen, aber dafür, dass er der Auslöser für meine Suche war und damit auch für die Entscheidung, Christ zu werden.

[4] Ein laues Christenleben

Nun hatte ich Jesus Christus in mein Herz aufgenommen und war ein Kind Gottes geworden (Joh 1,12). An meinem Lebensstil änderte sich allerdings wenig. Nach wie vor schlief ich am Sonntag lieber aus, als in den Gottesdienst zu gehen. Nach wie vor ging es mir vor allem um mein eigenes Wohlergehen. Unterbewusst hatte ich folgende Haltung: »Nimm alles mit, was gut für dich ist, im Glauben, im Beruf und in deiner Freizeit.«

Im Rückblick tut mir das Leid. Ich hätte mir nach meiner Entscheidung für Christus systematisch die Grundlagen des christlichen Glaubens aneignen sollen. Ich hätte täglich die Bibel lesen und beten sollen. Und ich hätte mich verbindlich einer Gemeinde anschließen sollen, um gemeinsam mit anderen Christen Gott zu loben und aus seinem Wort zu hören. So hätte ich gewiss mehr Begeisterung für Gott und seine Sache entwickelt. Stattdessen begnügte ich mich damit, die wöchentlich stattfindenden Jugendstunden der Landeskirchlichen Gemeinschaft Schwabach zu besuchen, wozu ich immer wieder liebevoll eingeladen wurde. Anstatt zu fragen, was Gott von mir möchte, lebte ich so weiter, wie ich es für richtig hielt.

Nach Erlangen der Fachgebundenen Hochschulreife zog ich nach Trier, um dort ab Oktober 1991 »European Business« zu studieren – ein international ausgerichtetes Betriebswirtschafts-Studium mit einem Jahr Auslandsaufenthalt.

Zu meiner christlichen Jugendgruppe in Schwabach hatte ich zwar weiterhin Kontakt, vor allem weil eine gute Freundin mir regelmäßig schrieb und Neues berichtete. Doch das Studium und meine Hobbys vereinnahmten mich so sehr, dass ich an meinem neuen Wohnort nicht aktiv nach Gemeinschaft mit Christen suchte. Das hielt ich auch nicht für nötig. In der Tat spielte Jesus Christus in meinem Leben nur eine Nebenrolle. Ich nahm mir zu wenig Zeit für ihn, führte mein selbstsüchtiges Leben so weiter wie vor meinem Anfang als Christ. Wenn ich betete, dann ging es vor allem um mich. Gott sollte mir bei der Durchführung meiner eigenen Pläne helfen. Ich merkte nicht, dass ich ihn als Segnungsautomaten missbrauchte. Nach dem Motto: Ich werfe Gebet und Glauben ein. Und Gott wirft dafür Segen in Form von erfüllten Wünschen aus. Ich liebte Gott vor allem für das, was er mir gab, weniger um seiner selbst willen.

[5] In den Klauen einer Sekte?

Aber Gott griff ein. Im Sommer 1992, während eines Praktikums bei der Deutschen Investitions- und Entwicklungsgesellschaft in

Köln, klopften eines Tages ein koreanischer Missionar namens Mose und der deutsche Student Andreas an meine Tür im Studentenwohnheim. Wir kamen ins Gespräch. Sie luden mich zu einem verlängerten Wochenende mit Vorträgen zu biblischen Themen nach Holland ein. Den Veranstalter kannte ich nicht: Es war UBF, University Bible Fellowship, eine Gruppe, die in Korea gegründet wurde und ihre Aufgabe in der Missionierung von Studenten sieht. Nach anfänglichem Zögern ließ ich mich dazu überreden. Schließlich kannte ich in Köln niemanden und war deshalb froh über jeden Kontakt.

Auf dieser Glaubenskonferenz wirkte vieles für mich befremdend – allein schon die vielen asiatischen Gesichter aus Korea. Überwältigend fand ich dagegen die Erzählungen junger Menschen, die durch den Glauben aus schweren Nöten wie Drogensucht befreit worden waren und in Jesus Christus neuen Halt gefunden hatten. Es bewegte mich, wie sehr Gott die Menschen liebt, auch mich! Ich erkannte, warum ich bisher keine lebendige Beziehung zu Jesus hatte: Zum einen las ich die Bibel – wenn überhaupt – in einer zweifelnden, kritischen Haltung. Ich beurteilte das Wort Gottes, statt mich vom Wort beurteilen zu lassen. Zum anderen vereinnahmten alltägliche Dinge mein Herz. Ich ließ Jesus Christus kaum Raum, in mir zu wirken.

Das sollte sich ändern. Ich entschied mich, fortan regelmäßig die Bibel zu studieren und sie zu »testen«, wozu wir in Johannes 7,17 aufgefordert werden: »Wer von euch bereit ist, Gottes Willen zu tun, der wird erkennen, ob diese Worte von Gott kommen …« »Eigentlich kann ich das auch alleine«, dachte ich. Den Kontakt zu den Christen aus dem UBF in Köln wollte ich nach meinem Praktikum abbrechen. Doch Mose und Andreas überzeugten mich davon, dass wir uns auch in Zukunft 14-tägig zum Bibellesen treffen sollten. Abwechselnd kam einer von ihnen nach Trier oder ich nahm die zweieinhalbstündige Zugfahrt nach Köln auf mich. Durch diese Regelmäßigkeit war wenigstens gewährleistet, dass ich mir immer wieder Zeit und Ruhe zum Bibellesen nahm.

Eingeengt und enttäuscht

Etwas später lud mich mein Studienfreund Steve in eine Freie Christliche Gemeinde in Trier ein. Dort war ich von dem herzlichen Umgang miteinander begeistert. Grund genug, fortan gelegentlich die Sonntagsgottesdienste und die monatlich stattfindenden Bibelseminare zu besuchen. In der Trierer Gemeinde war die Atmosphäre lockerer, ganz anders als bei UBF. Ich fühlte mich freier, fröhlicher. Trotzdem erkannte ich nicht, dass mit der Kölner Gemeinde etwas nicht stimmte.

Im Laufe der Zeit wurde es schwerer, genug Freiraum für all meine Aktivitäten zu finden: Während des Semesters lernte ich viel, da ich mein Studium gut abschließen wollte. Die vorlesungsfreie Zeit nutzte ich für Praktika und Sprachkurse im Ausland. Hinzu kamen immer mehr soziale Aufgaben. Ich wurde zum Studentenvertreter gewählt, bot Übungskurse für Studenten in niedrigeren Semestern an, betreute ausländische Studenten bei der Eingliederung in Deutschland und wurde zusammen mit meiner Studienfreundin Patzi Sprecher der Friedrich-Ebert-Stiftung in Trier – einer politischen Stiftung, die mein Studium finanzierte. Da war das regelmäßige Schwimmtraining, Joggen und Rad fahren. Da waren die Freunde, die ich im Laufe des Studiums kennen lernte und die entsprechenden Gelegenheiten, zusammen auszugehen oder gemeinsam zu kochen. Und dann noch die Gemeinde in Trier sowie das 14-tägige Bibelstudium mit den Kölnern. Alles hielt ich für wichtig. Doch nicht alles war machbar. So musste ich Prioritäten setzen, was mir schwer fiel: Einerseits wollte ich die Bibel besser kennen lernen, mehr über Gott erfahren. Andererseits befürchtete ich, etwas anderes zu versäumen, wenn ich mich allzu viel mit dem christlichen Glauben auseinander setzte.

Wiederholt überlegte ich, wie es mit meiner Verbindung zum UBF weitergehen sollte: Wäre es nicht besser, den Kontakt abzubrechen? Dort fühlte ich mich eingeengt. Und wie oft wurde ich schon enttäuscht, weil ich auf meine Fragen keine befriedigenden Antworten erhielt – beispielsweise warum dort das Abendmahl nicht praktiziert wird. Trotzdem ließ ich mich immer wieder überreden mit Worten wie: »Lass uns doch wenigstens das Lesen des Johannes-Evangeliums zu Ende führen. Es ist wichtig für dein Glaubensleben.« Oder: »Ich sehne mich danach, dich zu sehen, willst du mir die Tür verschließen?« Ich war damals zu gutmütig und zu feige, ein lautes und deutliches »Nein, nie wieder« über die Lippen zu bringen. Die Gefahr, dass ich in eine Sekte geraten sein könnte, sah ich nicht – auch nicht die geschickte Manipulation.

Die Schonzeit ist vorbei

Nach einer gewissen Schonzeit wollten die Leiter des UBF in Köln mein Leben immer massiver beeinflussen: Zunächst sollte ich mir Studenten suchen, mit denen ich die Bibel nach dem von UBF vorgegebenen Fragenschema lesen konnte. Dann wurde mir nahe gelegt, nach meinem Studium einen Arbeitsplatz in Bochum zu suchen. Der Gipfel war erreicht, als mir eine Frau zur Heirat »angeboten« wurde. Bei der ersten Kandidatin lachte ich noch. Ganz anders verhielt es sich beim zweiten Vorschlag. Dieses Mädchen gefiel mir. Wir verstanden uns sehr gut. Eine Ehe mit ihr konnte ich mir durchaus vorstellen. »Jetzt geht es um eine entscheidende Weichenstellung in deinem Leben«, spürte ich. Ich konnte nur entweder ganz rausgehen aus dem UBF oder voll einsteigen und heiraten. Innerhalb von zwei Wochen sollte ich mich entscheiden.

Ein bedrückender Kampf tobte in mir. Ich war inzwischen 27 Jahre alt und sehnte mich tatsächlich nach einer lieben Frau, mit der ich eine Familie gründen konnte. »Wenn ich nein sage, werde ich womöglich lebenslang alleine bleiben«, befürchtete ich. Außerdem übte Mose psychisch so viel Druck auf mich aus, dass ich den Eindruck bekam: »Wenn ich aussteige, verstoße ich womöglich gegen den Wunsch Gottes.« Abgesehen davon war es schwer, mir einzugestehen: »Es war ein Fehler, sich auf diese Gruppe einzulassen.«

Verzweifelt schrie ich zu Gott und bat ihn um Orientierung. Er erhörte meine Gebete, indem er meinen Vater als Werkzeug benutzte. Mein Vater forderte mich massiv dazu auf, sofort alle Verbindungen zu UBF abzubrechen: »Lass dir durch diese Sekte bitte nicht dein Leben zerstören!« Seine Worte und Informationen der Sektenberatungsstelle überzeugten mich: »UBF ist eine Organisation in der Grauzone zwischen Sekte und Kirche. Die Erklärung biblischer Aussagen bleibt vordergründig oder diese werden dem eigenen Zweck dienend uminterpretiert. Diskussion oder Kritik wird nicht zugelassen. Vielmehr wird gegenüber dem geistlichen Leiter absoluter Gehorsam in allen Lebensbereichen gefordert.« Ein ehemaliges Mitglied brachte den Sachverhalt auf eine kurze Formel: »Du musst wie ein stummes Schaf sein und blind folgen.«

Endlich tat ich das, was schon lange fällig gewesen wäre: Ich schrieb meinen »Hirten« zunächst einen deutlichen Brief und erklärte ihnen anschließend persönlich, warum ich die Verbindung rigoros abbreche. Wie dankbar war ich, dass Gott über mein Leben wachte und mich befreite.

Mein Ziel: Dozent an der Fachhochschule

Abgesehen von der zermürbenden Auseinandersetzung mit UBF verlief mein Leben ganz nach meinen Vorstellungen. Ich genoss das Studentenleben in vollen Zügen. Im Laufe der Zeit verfestigte sich immer mehr der Wunsch, eines Tages Professor an der Fachhochschule zu werden, anstatt in einer Firma Karriere zu machen. In diesem Beruf könnte ich jenen Studenten ein Wegweiser sein, die auf der Suche nach Wahrheit und Frieden sind, so wie ich es vor einigen Jahren selbst war. Außerdem hatte ich Freude am Unterrichten und großes Interesse an dem Fach Betriebswirtschaftslehre. Um Professor werden zu können, war jedoch noch eine Hürde zu überwinden: Ich brauchte einen Doktortitel.

Also setzte ich alle Hebel in Bewegung, um in England einen Studienplatz zu bekommen, der mir zu einem »Master-Abschluss« verhelfen sollte und damit zum Schreiben einer Doktorarbeit berechtigen würde. Es klappte. Nach drei Jahren Studium in Trier zog ich im September 1994 nach Lancaster in Nordengland, um mich zum »Master of Science« im Fach Finanzwesen ausbilden zu lassen. Dieses Jahr empfand ich nicht nur in fachlicher, sondern vor allem auch in menschlicher Hinsicht als sehr bereichernd. Ich lebte und studierte zusammen mit jungen Menschen aus Griechenland, Frankreich, Großbritannien, Südamerika, bis hin nach Asien. Wie ich es mir gewünscht hatte, lernte ich dabei andere Denk- und Lebensweisen kennen, was meinen Horizont enorm erweiterte.

Nach dem Studium und einem wundervollen Schottland-Urlaub plante ich, am ZEW – dem »Zentrum für Europäische Wirtschaftsforschung« – zu promovieren. Ich betete zu Gott: »Wenn ich Lehrer an der Fachhochschule werden soll, so gib mir bitte diese oder eine andere geeignete Arbeitsstelle, damit ich die nötige Qualifikation für meinen Traumjob erlangen kann. Falls du jedoch andere Pläne mit mir hast, schließe bitte die Promotions-Tür zu und eine Alternativ-Tür auf.«

Als die Zusage vom ZEW im Briefkasten lag, war ich überzeugt: »Ich bin auf dem richtigen Weg!« So suchte ich mir eine Wohnung in Mannheim, wo ich im November 1995 meine Stelle am ZEW antrat. Anfangs fand ich lange kein Thema für eine Doktorarbeit. Beirren ließ ich mich davon jedoch nicht. Ich gab mein Bestes und betete für eine gute Idee zu einer wissenschaftlichen Arbeit.

An den Wochenenden war ich vielfach auf Achse, besuchte meine in ganz Süddeutschland verstreuten Bekannten. Anfang 1996 nahm ich an einem Wochenend-Bibelseminar in Trier teil. Dort stellte mir Anke – die Verlobte meines Studienkameraden Steve – ihre Freundin Kerstin vor. Was für eine Frau! Ein ausgiebiges Gespräch mit ihr kam zwar leider nicht zustande. Doch das war auch nicht nötig. Ich verliebte mich auf den ersten Blick in sie. Kerstin absolvierte gerade in Gießen eine Ausbildung zur Krankenschwester und verbrachte ihre Freizeit in ihrem Heimatort Neunkirchen im Siegerland. Die örtliche Entfernung erschwerte das Wiedersehen. So versuchte ich, sie wenigstens brieflich besser kennen zu lernen – wartete jedoch meistens vergeblich auf eine Antwort. Was blieb mir anderes übrig, als bei jedem Besuch von Anke und Steve zu hoffen, »zufällig« auch Kerstin zu treffen und ihr Interesse für mich zu wecken. Das war eine harte Geduldsprobe für mich.

Eine Reihe von Erfolgen

Im Sommer 1996 waren schließlich die Startschwierigkeiten am ZEW überwunden. Ich erlebte eine Reihe von Gebetserhörungen, die mir zeigten, »Gott ist bei dir«: In England fand ich einen Doktorvater und bekam ein Stipendium, das alle Gebühren der Promotion abdeckte. Die Thyssenstiftung erklärte sich bereit, mein Forschungsprojekt zu unterstützen, indem sie einen Großteil meiner Personalkosten übernahm. Das gab mir die Freiheit, meine Arbeitszeit vorwiegend zum Promovieren zu nutzen – ideale Bedingungen. Und ich konnte eine erste wissenschaftliche Arbeit fertig stellen sowie drei Artikel in einer Wirtschaftszeitung veröffentlichen.

Alles schien bestens zu laufen, auch meine Beziehung zu Gott: Ich las gerne in der Bibel und ging regelmäßig in den Sonntagsgottesdienst sowie in Gebets- und Bibelstunden. Dadurch lernte ich Jesus Christus immer besser kennen, was mich sehr froh machte.

Die Neidgefühle gegenüber meinem Bruder Gerald bekam ich selbst nicht in den Griff. Ich konnte weder mein Herz verändern noch meine Gedanken abschalten. Aber Gott befreite mich durch beständiges Gebet im Laufe der Jahre Stück für Stück davon. Ich glaubte einfach, was er mir in Psalm 139,14 zuspricht: »Du hast mich wunderbar und einzigartig gemacht.« Gott schuf mich bewusst so, wie ich bin – mein Aussehen, meine Intelligenz, meine ganze Persönlichkcit sind genauso von ihm gewollt. Ich hatte es nicht nötig, mich mit anderen zu vergleichen. Bald schrieb ich Gerald einen Brief, in dem ich mich entschuldigte für mein liebloses Verhalten ihm gegenüber. Endlich konnte ich ihm wieder natürlich gegenübertreten, ihm von Herzen das Beste wünschen!

Begeistert von Gott entschloss ich mich dazu, meinen Urlaub auf Schloss Klaus in Nieder-Österreich zu verbringen, anstatt mit Freunden nach Florenz zu fahren. Dort fand ein 14-tägiger Bibelkurs statt – eine Zeit, die ich zum Nachdenken über mein Leben mit Jesus Christus nutzen wollte. Leider konnte ich diese Reise nicht antreten…

[6] Diagnose Krebs

Es war Anfang August 1996, als meine Lungenärztin beiläufig sagte: »Zwischen Ihren Lungenflügeln ist ein Schatten zu erkennen …« Dabei war ich doch nur zu ihr gekommen, um meine Bronchitis loszuwerden. »Das muss näher untersucht werden!« »Warum?«, fragte ich nervös nach. »Wir müssen klären, ob es sich um eine Entzündung oder einen Tumor handelt.« Eine Computertomographie der Lunge, so hieß es, könne mehr zeigen.

Verunsichert ging ich nach Hause. Bereits wenige Tage später lag ich bei einem Radiologen auf dem Untersuchungstisch. Ein paar Stunden starker Anspannung … und schon bekam ich den Befund sachte, aber direkt vor den Kopf geknallt: »Die Computertomographie zeigt stark vergrößerte Lymphknoten, insbesondere rechts von der Luftröhre. Es besteht der dringende Verdacht auf Morbus Hodgkin – eine bösartige Lymphknotenerkrankung. Sie müssen morgen sofort ins Klinikum Mannheim. Dort werden weitere Untersuchungen stattfinden.«

Fassungslos verließ ich die Arztpraxis. Ich verstand die Welt nicht mehr. Ich sollte Krebs haben? Mir brach der Boden unter den Füßen weg. Wie konnte so etwas passieren? Völlig unkontrolliert schossen mir alle möglichen Gedanken durch den Kopf: »Warum trifft es ausgerechnet mich, obwohl ich so gesund gelebt, weder geraucht noch getrunken hatte? Warum hatte ich mir so viele Gedanken um Belanglosigkeiten gemacht? Fitness, Bergsteigen, Skilaufen waren mir wichtig, Urlaub war mir wichtig … und meine Doktorarbeit! War alles Mühen umsonst? Warum lässt Gott so etwas zu? Er sagt doch, dass er mich lieb hat, und nun habe ich mit 28 Jahren Krebs!«

Mir blieb nicht viel Zeit zum Lamentieren. Schließlich musste ich ins Forschungsinstitut zurück, um dort Bescheid zu sagen. Mit meiner letzten Kraft erklärte ich die Situation meinem Chef und den Kollegen, sagte sämtliche Termine ab und sandte eine E-Mail an Freunde. Von allen wurde die Hiobsbotschaft mit Entsetzen aufgenommen. Kollegen versuchten mich zu trösten mit dem Hinweis: »Wie oft haben Ärzte sich schon getäuscht!« Sie boten ihre praktische Hilfe an. Beim Anruf meiner Mutter konnte ich mir das Weinen nicht verkneifen – wir waren beide wie gelähmt, wussten nichts zu sagen.

Unter Tränen gönnte ich mir eine Pizza – eine Art Henkersmahlzeit, dachte ich – und schleppte mich anschließend in die wöchentlich stattfindende Gebetsstunde der christlichen Versammlung in Mannheim. Dort bekam ich wirklichen Trost: Andreas schlug seine Bibel auf. Er las die Geschichte von Josef. Auch Josef hatte kein einfaches Leben. Er wurde von seinen Brüdern verraten und nach Ägypten verkauft. Aber Gott benutzte diese Situation, um Josef mit Reichtum, Macht und Ehre zu beschenken. Mir wurde bewusst: »Gott hat alles im Griff. Er meint es gut, obwohl es nun gewiss nicht so aussieht.«

Dennoch war die kommende Nacht ein Horror. Kaum war ich alleine in meiner Wohnung, wurde mir das mögliche Ausmaß der Diagnose Krebs bewusst. In mir spielte sich ein fürchterlicher Kampf ab: Einerseits wollte ich auch jetzt meinem Gott vertrauen. Ich wusste: Mein Leben ist in seiner Hand. Andererseits konnte ich die »Warum-Fragen« und die Furcht vor der Krankheit nicht verdrängen. Mir fehlte die Muße, in der Bibel nach Trost zu suchen. Deshalb hörte ich immer und immer wieder die Lieder »God is in control« (Gott hat alles im Griff) von Twila Paris und »No

Doubt« (Zweifle nicht) von Petra. Erschöpft fiel ich ins Bett, konnte jedoch nicht schlafen. Schweißausbrüche und Herzklopfen quälten mich. Noch nie in meinem Leben hatte ich solche Angst! Psalm 55,5-6 beschrieb meinen Zustand: »Mein Herz krampft sich zusammen, Todesangst überfällt mich. Furcht und Zittern haben mich erfasst, und vor Schreck bin ich wie gelähmt.«

Gefühlsschwankungen im Krankenhaus

Während meines nun folgenden insgesamt dreiwöchigen Krankenhaus-Aufenthaltes erlebte ich extreme Gefühlsschwankungen – von Furcht und Verzweiflung bis zu einem übertriebenen Optimismus, aber auch die Freude an kleinen Dingen. Da ich auf der Krebsstation lag, sah ich, was es bedeutet, Krebs zu haben. Mein Zimmerkamerad bekam eine starke Chemotherapie. Ich konnte nachts nicht schlafen, weil er laufend erbrechen musste und an Schüttelfrost litt. Auch Gespräche mit anderen Patienten, denen das Leid im Gesicht geschrieben stand, zeigten mir: »Der Krebs macht dich kaputt.«

Es war, als gäbe es zwei Welten, die scharf voneinander getrennt sind: Noch vor einigen Tagen lebte ich in der Welt der Gesunden, war auf der Gewinnerseite des Lebens, kannte nur meine Alltagssorgen und meinte, mein Leben im Griff zu haben. Nun war ich in diesem Elend, auf der Verliererseite des Lebens … fühlte mich hilflos den Ärzten ausgeliefert, die – wie mir schien – teilweise wie »Götter in Weiß« über den Patienten thronten. Für sie war ich nur eine Nummer, einer unter vielen, für den es das passende »Behandlungs-Programm« auszuwählen galt. Ich kam mir vor wie ein Unmündiger, wie einer, der den Kopf an der Krankenhauspforte abgeben musste mit dem Hinweis: »Ab jetzt denken die Ärzte für Sie!« Die Doktoren nahmen sich nicht mal Zeit, mich umfassend aufzuklären. Ständig musste ich ihnen nachlaufen, um die Ergebnisse der vielen schmerzhaften Untersuchungen zu erfahren. Die Unsicherheit, ob wohl das nächste Untersuchungsergebnis den Verdacht auf Krebs bestätigt oder sich gar schon Metastasen gebildet hatten, zermürbte mich.

Wie ein alter Mann erinnerte ich mich an die »gute alte Zeit«: Fröhliche, unbeschwerte Tage mit der Familie und mit Freunden. Wie wenig war ich mir meines Glückes damals bewusst. Wie wenig war ich mir bewusst, dass Gesundheit nichts Selbstverständliches ist, sondern eines der wunderbarsten irdischen Geschenke. Beim Spazierengehen wurde die Sehnsucht wach, wieder fröhlich über den weichen Waldboden zu joggen, Spaß an der Bewegung zu haben, die frische Waldluft tief einzuatmen, die Natur zu erleben … einfach zu leben.

Doch selbst im Krankenhaus gab es schöne Dinge zu erleben: Ich freute mich über herrliche Sonnenaufgänge und Sonnenuntergänge, die ich in aller Ruhe vom Balkon aus beobachtete. Ebenso über das Zwitschern der Vögel, die Liebe und das Einfühlungsvermögen meiner Eltern, meiner Verwandten, meiner Freunde und von Christen aus meiner Gemeinde. Ich war nicht allein! Andere fühlten mit, wünschten mir das Beste, beteten zu Gott wegen meiner Sache. Nie hatte ich Freundschaft auf so wunderbare Weise erlebt wie in dieser Notsituation. Ich fühlte mich wie der Gelähmte, den seine Freunde im Bett durchs Dach zu Jesus hinabließen, damit er von ihm geheilt werde (vgl. Mk 2,1-12).

Am meisten freute ich mich darüber, einen großen Herrn zu haben. Ich war nicht machtlos den Ärzten und der Krankenhaus-Bürokratie ausgeliefert. Gott stand über diesen Dingen, er sah mich und hatte meine Situation bestens im Griff. Genau wie David in Psalm 62,2 war ich überzeugt: »Nur bei Gott komme ich zur Ruhe; geduldig warte ich auf seine Hilfe.« Ich las viel in der Bibel und klagte dem Herrn Jesus alles, was mich ärgerte und bedrückte. Dabei änderte sich meine Haltung Gott gegenüber. Die Anklagen sowie das Selbstmitleid verstummten langsam und wichen einem Gefühl des Verstanden- und Geliebt-Seins. Solch einen tiefen Trost konnte kein Mensch mir geben. Friede und Zuversicht kehrten in mein Herz ein, obwohl ich keine Antworten auf meine »Warum-Fragen« erhalten hatte.

Es ist bestimmt nicht wahr

Die Diagnose Krebs wollte ich allerdings zunächst nicht wahrhaben. Wie sehr wünschte ich mir, dass die Ärzte sich getäuscht hatten oder dass ein Wunder geschieht. In meiner Ohnmacht gab ich Gott ein Versprechen: »Du bist allmächtig. Nichts ist dir unmöglich. Du hast meinen Körper geschaffen. Du kannst ihn heilen. Ein Wort von dir, Herr Jesus, und ich bin gesund. Wenn du dieses

Wunder vollbringst, werde ich alles für dich tun. Die egoistischen Wünsche, an denen ich trotz eines Lebens mit dir bis jetzt noch festhielt, gebe ich auf, um deinen Willen zu tun. Vor nichts möchte ich mich mehr fürchten, wenn ich dich so groß erleben darf. Wohin du mich auch rufst – ich werde gehen, selbst wenn es mir überhaupt nicht gefällt.« Wie leichtfertig sprach ich dieses Gebet! Ich wusste nicht, dass man mit Gott nicht handeln kann.

Anstatt seinen Weg mit mir zu akzeptieren, breitete ich meine Argumente vor dem König aller Könige aus. So vieles würde für ein wundersames Eingreifen Gottes in meinen Körper sprechen: In den Gemeinden fehlen Mitarbeiter, die Gottes Wort verkündigen, sich um die Jugend oder um Bedürftige kümmern. Es wäre doch abwegig, wenn Gott dennoch willige Arbeiter wie mich wegnehmen oder durch eine schwere Krankheit schwächen würde. Psalm 30,10 kam mir in den Sinn: »Was hast du davon, wenn ich jetzt sterbe? Kann ein Toter dir noch danken, kann er deine Treue noch rühmen?«

Außerdem wäre es eine hervorragende Ermutigung für viele Christen, wenn ihre Gebete auf so wunderbare Weise erhört werden würden. Ich rief zu Gott: »Wenn du mir nicht um meinetwillen Gesundheit schenken willst, so doch bitte um derentwillen, die mitleiden und von Herzen für mich beten.« Nicht zuletzt meinte ich, dass eine Heilung Verwandte, Freunde und Kollegen auf den christlichen Glauben neugierig machen könnte. Ich hatte gehört, dass mein Onkel und zwei Freunde für mich beteten, obwohl sie sich bisher wenig für Glaubensfragen interessierten. Wie sehr könnte ein Wunder ihre Haltung gegenüber Gott verändern!

Um sicherzustellen, ob es sich tatsächlich um Krebs handelte und wenn ja, um welche Tumorart, sollte ein vergrößerter Lymphknoten aus meinem Brustraum entnommen werden. Der zuständige Chirurg klärte mich am Tag vor der Operation auf: »Der entsprechende Lymphknoten befindet sich in der Nähe der Lunge. Um an ihn heranzukommen, müssen wir einen Teil Ihrer Rippe absägen. Im schlimmsten Fall könnte dabei die Lunge in sich zusammenfallen.« »Wie hoch ist dieses Risiko?« fragte ich. »Es kommt etwa bei einer von zehn Operationen vor.«

Als ich von der Narkose erwachte, stellte ich fest, dass ich der eine von den zehn war. Ich hatte eine Drainage in der Seite. Das heißt: Der Chirurg hatte einen Schlauch zwischen den Rippen hindurch in meinen Lungenraum geführt, um Flüssigkeit abzupumpen und das Vakuum zwischen Rippenfell und Lunge wiederherzustellen. Eine sehr schmerzhafte Angelegenheit, die sich über zwei Wochen hinzog. Bei fast jeder Bewegung – vor allem beim Lachen und Husten – rieb der Schlauch an dem Loch in meiner Seite und trieb mir Schmerztränen in die Augen. Trotz allem war ich zutiefst überzeugt, dass die Gewebeprobe die Diagnose Krebs nicht bestätigen wird.

Die harte Wahrheit

Umso enttäuschter war ich, als die Stationsärztin mir etwa eine Woche später mitteilte: »Ich habe das Ergebnis der Gewebeanalyse bekommen. Wie erwartet haben Sie Morbus Hodgkin, also Lymphknotenkrebs.« Es war, als würde sie sagen: »Sehen Sie, nicht Ihr Gott, sondern wir hatten Recht.« Ich kam mir vor wie ein Idiot.

Es war nicht nur meine Gesundheit, die nun an einem seidenen Faden hing, sondern auch mein Glaube. Ich verstand Gott einfach nicht. Es hatte doch so viel gegen eine Krebserkrankung gesprochen. »Bin ich ein Träumer, der völlig an der Realität vorbei lebt? Will der Herr Jesus, der mich selbst auffordert, ihm wie ein Kind zu vertrauen, mir meinen kindlichen Glauben nehmen? Oder ist der Gott der Bibel doch kein liebender Gott?« Hiob (Kap. 21,15.19) sprach mir aus der Seele: »Was ist der Allmächtige, dass wir ihm dienen sollten, und was hilft es uns, dass wir mit Bitten in ihn dringen? ... Bewahrt Gott sein Unheil auf für seine Kinder?« Ich war völlig verzweifelt, lag wie gelähmt auf meinem Bett und hatte nur noch einen Wunsch: Gott zu verstehen! Am liebsten hätte ich ihn persönlich zur Rede gestellt.

Erst einen Tag später war ich fähig, wie David (2. Sam 22,7a) mein Herz vor Gott auszuschütten, anstatt zu versuchen, mit meinem Kummer alleine fertig zu werden: »In meiner Bedrängnis rief ich zum Herrn, und ich schrie zu meinem Gott.« Ich warf ihm meine Bitterkeit, meine Enttäuschung, meine Ängste, meine Fragen und meine Zweifel vor die Füße. Während ich klagte und weinte, wurde mir langsam bewusst, dass ich im Unrecht war, nicht er.

Gott ist mir gegenüber zu nichts verpflichtet. Ich hatte mich vor sechs Jahren dazu entschieden, Jesus Christus das Kommando meines Lebensschiffes zu übergeben. Während eines Bibelkurses in Trier am 28. April 1994 hatte ich meinen Bund mit ihm vertieft, indem ich der Aufforderung in Römer 12,1 nachkam. Dort steht: »Weil ihr Gottes Barmherzigkeit empfangen habt, fordere ich euch auf, liebe Brüder, mit Leib und Leben für Gott da zu sein. Seid ein lebendiges und heiliges Opfer, das Gott gefällt …«

Ganz bewusst hatte ich mich Gott damals als ein Opfer hingegeben und gebetet: »Mach mit mir und mit meinem Körper, was du willst! Mein Leben soll dich ehren, egal was es kostet.« Gott darf mit seinen Geschöpfen zwar ohnehin tun, was er möchte. Doch ich hatte ihn ausdrücklich darum gebeten, den Meißel an mein Lebenshaus anzulegen, um es nach seinem Geschmack zu formen. Eines Tages im Himmel werde ich erfahren, ob ich womöglich aufgrund dieses Gebetes Krebs bekam.

Für den Augenblick war ich zufrieden, Gott zu kennen. Wie wäre es mir in dieser Situation wohl ohne ihn ergangen? Ich hätte mir eingestehen müssen: »Du hast dein Lebenshaus auf Sand gebaut und der Krebs hat mit einem Schlag alles Erbaute zerstört.« Als Christ wusste ich, dass leidvolle Lebensphasen nicht sinnlos sind. Im Gegenteil: Charles Haddon Spurgeon, ein außergewöhnlich begabter Prediger aus England (1834-1892), sagte: »Es ist offenbar des Herrn Art, die zu erniedrigen, die er erhöhen will und die zu entkleiden, die er zu bekleiden gedenkt. Wenn ich also jetzt Erniedrigung erdulde, so habe ich Grund, mich zu freuen, denn ich sehe darin die Vorbereitung für eine Erhöhung.« »Vielleicht dauert es gar nicht mehr lange, dann werde ich vor Freude jubeln«, dachte ich.

Selbst aus rein medizinischer Sicht hatte ich nach Aussage der Ärzte beste Chancen: »Ihre Krankheit ist heilbar. Die Behandlung ist zwar sehr hart, aber nach einem halben bis dreiviertel Jahr haben Sie es hinter sich. Wir wissen von anderen jungen Leuten, die vor Jahren in der gleichen Situation wie Sie waren und heute wieder gesund und glücklich sind.« Wie gut, dass mein Tumor in einem relativ frühen Stadium entdeckt wurde und dass es sich um eine Krebsart handelte, die vergleichsweise gut in den Griff zu bekommen ist. Die Ärzte sprachen von 80-90% Heilungschance.

[7] Die Chemo-Keule

Nachdem die Lunge wieder funktionsfähig war, wurde ich aus dem Krankenhaus entlassen, verabschiedete mich von meinen

Kollegen im ZEW, löste meine Wohnung in Mannheim auf und zog nach Nürnberg zu meinen Eltern um. Dadurch wollte ich vermeiden, während der anstrengenden Behandlung tagein, tagaus alleine in meiner Wohnung zu sitzen und dabei womöglich depressiv zu werden. Bei meinen Eltern würde ich mich wohl fühlen, stets jemanden zum Reden haben und bestens versorgt sein.

Am 27. August 1996 stellte ich mich im Städtischen Klinikum Nürnberg vor. Die angenehme Atmosphäre beeindruckte mich: Die Räume und die Ausstattung waren relativ neu, ganz nach meinem Geschmack aufgelockert durch viele Pflanzen und Bilder. Es wirkte sauber. Im Vorraum standen ein Klavier und Kunstwerke. Die vielen Fenster machten die Räume hell.

Die für mich zuständige Ärztin, Frau Dr. Falge, war einfühlsam, nahm sich Zeit, meine Fragen zu beantworten und erklärte mir den Verlauf der Therapie: »Die Chemotherapie umfasst acht Infusionen. Zwischen den Infusionsterminen sind jeweils ein bis drei Wochen Pause, damit Ihr Körper sich erholen kann. Insgesamt dauert die Behandlung etwa vier Monate. Im Anschluss daran werden Sie bestrahlt.«

In guten Händen

Ich fühlte mich in guten Händen und freute mich darüber, dass eine stationäre Aufnahme ins Krankenhaus nicht nötig war. Lediglich zu den Infusionen, zu Blutuntersuchungen und bei auftretenden Komplikationen musste ich dort erscheinen.

Nach zwei Tagen Verschnaufpause begann bereits die Chemotherapie. Mit weichen Knien kam ich ins Krankenhaus, wo ich etwa zwei Stunden wartete. Danach bat mich eine Krankenschwester in den Behandlungsraum, wo ich auf einem Stuhl Platz nehmen sollte. Ein Stich in die Armvene zum Legen der Infusionsnadel und es ging los. In nur 30 Minuten lief 250 ml Chemoflüssigkeit in meinen Blutkreislauf. Geschafft! Entgegen allen Befürchtungen vertrug ich die erste Chemo sehr gut.

Eine Woche später, nach der zweiten Infusion, war mir zwar drei Tage lang etwas übel, doch das ging schnell vorüber und schon stand die erste Therapiepause bevor: Drei Wochen zum Durchatmen.

Die Krankheit darf mich nicht vereinnahmen!

Nach dieser guten Erfahrung nahm ich mir vor, während der Behandlung möglichst normal zu leben. »Die Krankheit darf mich nicht vereinnahmen!«, beschloss ich. Um meine Stunden sinnvoll zu füllen, hielt ich zuerst die Erlebnisse der vergangenen Wochen schriftlich fest. Dadurch wollte ich interessierte Freunde an meinem Leben teilhaben lassen. Für mich selbst war es eine Art der Verarbeitung, ein Weg, um meine stark ins Wanken geratene Gottesbeziehung wieder zurechtzurücken.

Danach begann ich, mich mit biblischen Themen zu beschäftigen, mit Fragen, die mich schon lange interessierten, über die ich allerdings mangels Zeit nie intensiver nachgedacht hatte. Beispielsweise las ich Bücher über das Gebet und fasste deren Inhalt zusammen. Dabei merkte ich: »Es tut gut, am Ende eines Tages gewisse Ergebnisse zu sehen, und wenn es nur drei Seiten Text sind.«

Um genug Bewegung an der frischen Luft zu bekommen, fuhr ich fast täglich Rad oder ging spazieren. Etwa einmal pro Woche führte ich mit meiner Mutter, meiner Schwester und meiner Oma einen Bibelkurs durch. Und abends war ich meistens unterwegs, mal im Bibelkreis, mal im Fitnessstudio oder zu Besuch bei Freunden.

Zwischendurch überlegte ich immer wieder, was der Sinn meines Leides sein könnte. Gewiss hätte ich es leichter gehabt, wenn ich mich mit meiner Krankheit abgefunden hätte, ohne weiter nachzudenken. Doch das konnte ich nicht. Der Gedanke, dass Gott wohl irgendeinen unerforschlichen Grund gehabt haben musste, die Diagnose Krebs zuzulassen, befriedigte mich nicht. Vielmehr verstand ich mein Leid als einen Lernprozess, eine Art Trainingslager, bei dem mein Engagement gefragt ist.

Arbeiten konnte ich während meiner Krebsbehandlung nicht. Ich war krankgeschrieben und lebte vom Krankengeld. Dessen ungeachtet gaben mir mein Personalchef Thomas, mein Abteilungsleiter Michael und meine Kollegen am ZEW das Gefühl, weiterhin dazuzugehören, was mir sehr gut tat. Sie ermöglichten mir den Zugriff auf Zeitschriften und Bücher des Forschungsinstitutes. So konnte ich fachlich auf dem Laufenden bleiben. Das war mir wichtig, weil ich nach wie vor das Ziel verfolgte, zu promovieren und Dozent an der Fachhochschule zu werden. Solange mir Gott keinen anderen Weg aufzeigte, wollte ich daran festhalten.

Anfang Oktober 1996 durfte ich sogar einen Vortrag auf einer wissenschaftlichen Konferenz halten. Dafür hatte ich mich bereits vor meiner Erkrankung angemeldet. Ich betete für Kraft – mit Erfolg. Zumindest fühlte ich mich an den zwei Konferenztagen fit genug, die Ergebnisse meiner Arbeit zu präsentieren. Mit Anzug und Krawatte erschien ich im noblen Maritim-Hotel. Als ich den großen Vortragsraum und die vielen Doktoren und Professoren sah, wurde ich etwas nervös. Aber ich tröstete mich mit dem Gedanken: »Was ist schon ein kurzer Vortrag im Vergleich zu deiner Krankheit? Nicht die Doktorarbeit oder diese lächerliche Präsentation sind der härteste Kampf deines Lebens, sondern der Krebs! Damit zurechtzukommen ist tausendmal schwerer als alles andere.« Nach dem Abendessen verabschiedete ich mich von meinen Kollegen – etwas wehmütig. Sie fuhren zurück nach Mannheim, zurück in einen spannenden Arbeitsalltag. Mich rief der triste Krankheitsalltag.

Wenigstens hatte ich noch ein paar freie Tage, bevor die Chemotherapie weiterging. Die Blutwerte waren zwar nicht in Ordnung, was mich sehr infektionsanfällig machte. Aber das war mir egal. Ohne ernsthafte Bedenken fuhr ich mit Bekannten aus Nürnberg vier Tage lang nach Neukirchen im Knüll-Gebirge. Dort trafen sich etwa 300 junge Leute, um gemeinsam über biblische Themen nachzudenken. Ich fühlte mich pudelwohl, genoss die Diskussionsbeiträge, das gemeinsame Singen, die fröhliche Atmosphäre sowie die guten Gespräche mit Freunden. Bei alledem staunte ich über Gottes Größe und Liebe. Es war, als ob Gott mir einen Vorgeschmack auf den Himmel geben würde.

Gedanklich war ich in Neukirchen oft mit Kerstin beschäftigt. Inzwischen war ein dreiviertel Jahr vergangen, seitdem ich sie in Trier kennen gelernt hatte. Der Kontakt blieb sehr spärlich. Das lag sicher nicht nur an den 400 km Entfernung zwischen Nürnberg und ihrem Heimatort Neunkirchen im Siegerland. Sie schien schlichtweg kein Interesse an mir zu haben. Kein Wunder! Ich hatte Krebs. Welche Frau sollte ernsthaft über eine Beziehung mit mir nachdenken? Mein Freund Patrick ermutigte mich: »Gib die Hoffnung nicht auf! Habe Geduld! Bete weiter für sie! Gott kann!«

Bedauerlicherweise kam ich an diesem Wochenende nur einmal

ins Gespräch mit Kerstin. Ich erzählte ihr von meinen Erlebnissen im Krankenhaus. Dabei hatte ich den Eindruck, sie etwas motivieren zu können: »Du glaubst gar nicht, welchen Einfluss du als Krankenschwester hast! Bereits mit wenigen netten Worten, mit einer hilfsbereiten Haltung, mit einem freundlichen Lächeln kannst du schwer kranken Patienten eine riesige Freude bereiten. Du kannst sie durch ein fünfminütiges Gespräch eine Zeit lang aus ihrer Einsamkeit und dem Gefühl der Sinnlosigkeit befreien. Du kannst sie durch dein ausgeglichenes Wesen beruhigen und ermutigen …«

Wen tötet die Chemo: Den Krebs oder mich?

Unmittelbar nach diesen wunderschönen Tagen in Neukirchen war die Chemopause zu Ende. Der Therapieplan sah einen Medikamentenwechsel vor. Frau Dr. Falge wies mich vorab auf Nebenwirkungen hin: »Im Vergleich zur bisherigen Behandlung müssen Sie nun mit stärkerer Übelkeit, Schüttelfrost und Fieber rechnen.«

Den Unterschied zu den ersten beiden Infusionen merkte ich bereits, als mir zu Beginn drei erschreckend große Spritzen gegeben wurden. Außerdem brannte diesmal meine Vene, als das Zellgift Tropfen für Tropfen aus dem Plastikbeutel in mich hineinfloss. Ich bat Frau Dr. Falge: »Bitte lassen Sie die Infusion langsamer laufen! Ich habe das Gefühl, von innen her aufgefressen zu werden.« Neben mir saß eine ältere Frau. Sie stöhnte und übergab sich immer wieder. Das erschwerte die Situation. Die Zeit wollte einfach nicht vorbeigehen.

Ich fragte mich, wen die Chemo eher umbringt, den Krebs oder mich. Um innerlich ruhig zu werden, machte ich mir bewusst: »Mein Gott und Vater ist bei mir und fühlt mit. Der Weg, den er mich führt, wird schon der beste für mich sein.« Außerdem versuchte ich, den Rat der Ärzte zu befolgen und mir jeden Tropfen Chemo als einen Soldaten vorzustellen, der durch meinen Körper marschiert, um bösartige Zellen zu zerstören. Sicherlich wühlen Soldaten bei ihrem Feldzug etwas Staub auf, daher die Übelkeit. Doch letztlich helfen sie mir. »Die Schmerzen werden wieder vergehen«, tröstete ich mich. »Was bleibt, ist der Sieg über den Krebs.« Nach der insgesamt vierstündigen Tortur stieg ich ins Auto und fuhr mit einem üblen Gefühl in der Magengegend nach Hause.

Dort angekommen schaffte ich gerade noch den Weg zur Toilette und erbrach eine rötliche, stinkende Brühe. Ich war müde, legte mich hin, wollte schlafen und alles vergessen. Aber es ging nicht. Schon wieder hing ich über der Kloschüssel. Meine Mutter wollte mich motivieren, etwas zu essen. Ohne Erfolg, ich hatte keinen Appetit. Selbst eine Tasse Tee konnte ich nicht bei mir behalten.

Abends kam mein Freund Wolfgang zu Besuch. »Ausgerechnet jetzt«, stöhnte ich. Das Reden fiel schwer. Ich war besorgt, mich gleich wieder übergeben zu müssen. Doch die Ablenkung zeigte Wirkung. Langsam vergaß ich mein Befinden; meine Gedanken waren in dem guten Gespräch gefesselt. Als Wolfgang ging, war meine Übelkeit wie weggezaubert und ich hatte eine relativ gute Nacht vor mir. Niemals hätte ich gedacht, dass die Psyche solch einen starken Einfluss auf mein körperliches Befinden hat.

Am nächsten Morgen wachte ich allerdings mit starker Übelkeit auf, die den ganzen Tag anhielt. Beim Frühstück schmeckte alles nach Chemie: Die Brötchen, die Marmelade, der Kaffee. Doch ich musste etwas zu mir nehmen, um nicht allzu viel abzunehmen. Heftige Magenkrämpfe plagten mich. Der Tag wurde ein nicht enden wollender Alptraum. Ich fühlte mich elend und schwach, lag viel im Bett, las ein wenig, schlief und versuchte, die Zeit totzuschlagen. Ich fiel in ein Loch, meine Gedanken spielten verrückt: »Alles läuft schief in meinem Leben: Andere junge Männer in meinem Alter gründen eine Familie und fassen beruflich Fuß. Ich dagegen sitze nutzlos herum, komme mit meiner Doktorarbeit kaum voran und für Gott kann ich in diesem Zustand auch nichts bewirken. Und dazu dieses verdammte Unwohlsein.« Ich fühlte mich wie ein lebendiger Toter.

Isoliert

Mein Zustand besserte sich nur langsam. An den kommenden Tagen litt ich weiterhin unter Abgeschlagenheit, Müdigkeit und quälenden Bauchschmerzen. Außerdem hatte die Chemo mein Immunsystem geschwächt. Frau Dr. Falge warnte mich: »Mit diesen Blutwerten sind Sie anfällig für jede Grippe, für jedes Virus. Vermeiden Sie Menschenaufläufe, messen Sie mindestens zweimal täglich Ihre Körpertemperatur und kommen Sie sofort ins Krankenhaus, falls Sie Fieber haben – egal zu welcher Tages- oder Nachtzeit.«

Das isolierte mich. Besonders schwer fiel mir, sonntags auf den Gottesdienst zu verzichten. Zwar nahm ich mir stattdessen mehr Zeit als sonst für die eigene Andacht. Doch die wohltuende Gemeinschaft mit anderen Christen ließ sich dadurch nicht ersetzen. Unter Gläubigen fühlte ich mich geborgen. Da war ein Gefühl der Verbundenheit. Kein Wunder, dass die Bibel das Bild der Familie benutzt. Gott ist der Vater. Jeder Christ ist sein Kind. Jede gläubige Frau ist meine Schwester, jeder gläubige Mann mein Bruder.

Eine Schwester drückte diese Verbundenheit unter Christen aus, indem sie mir die Worte aus Philipper 2,27 aufschrieb: »Epaphroditus war krank, dem Tod nahe; aber Gott hat sich über ihn erbarmt, nicht aber nur über ihn, sondern auch über mich, damit ich nicht Traurigkeit auf Traurigkeit hätte.« Sie meinte, ich solle ähnlich wie Epaphroditus allein schon ihretwegen und wegen meiner Glaubens-Geschwister gesund werden. Solche Worte taten einfach gut, weil sie mir zeigten: »Du bist gewollt.«

Die Chemo wird immer härter

Im Laufe der Zeit wurde die Chemotherapie immer härter. Die Erholungsphasen waren zu kurz zum Regenerieren. Noch bevor ich mich richtig aufrichten konnte, noch bevor mein Körper die Gifte der letzten Infusion abbauen konnte, bekam er die nächste Chemo-Keule verpasst. Oft drehte sich schon zwei Tage vor dem nächsten Therapietag mein Magen um – allein vom Gedanken daran.

Trotz aller Bemühungen, mich wegen der Infektionsgefahr von Menschenansammlungen fern zu halten, fing ich mir immer häufiger Erkältungen ein. Was meist harmlos mit Halsschmerzen begann, entwickelte sich schnell zu einem Reizhusten und schließlich zu einer schweren Bronchitis. Die Lunge rasselte beim Ein- und Ausatmen. Ich musste nach Luft schnappen und schlief deshalb schlecht. Da halfen nur noch Schonen und anhaltende Isolation.

Neben meinen gesellschaftlichen Aktivitäten bremste mein angegriffenes Immunsystem auch den Fortgang der Behandlung: Vor der jeweils nächsten Infusion wurde Blut abgenommen. Nur wenn die für die körpereigene Abwehr zuständigen weißen Blutkörperchen, kurz Leukos, einen Mindestwert von 2500 hatten, durfte die Behandlung fortgesetzt werden. So bekam ich allzu oft nach stundenlanger Wartezeit zu hören: »Tut mir Leid. Wir können heute keine Chemo geben. Ihre Leukos sind zu niedrig. Kommen Sie in einer Woche wieder!« Dabei wollte ich möglichst schnell wieder arbeiten.

Innerlich ruhig machte mich indes die Gewissheit, dass viele treue Beter hinter mir standen. »Wenn Gott meinen Namen so oft hört«, war ich überzeugt, »bleibt das gewiss nicht ohne Folgen. Er wird mir helfen, diesen schweren Lebensabschnitt durchzustehen.« Erhörte Gebete wie jenes von Elisabeth bestärkten mich in dieser Ansicht. Normalerweise fallen bei einer Chemotherapie die Haare aus. Aus diesem Grund hatte mir Frau Dr. Falge schon zu Beginn der Behandlung ein Rezept für eine Perücke in die Hand gedrückt. Elisabeth ließ sich davon nicht beeindrucken. Sie erwartete von Gott, dass er mich vor einem Haarausfall bewahrt. Ihr Flehen wurde erhört. Während der gesamten Chemo behielt ich mein dichtes schwarzes Haar.

[8] Heilt Gott durch ein Wunder?

Mit dem Thema Heilung wollte ich mich eigentlich nicht mehr beschäftigen. Die schlechte Erfahrung während meines Krankenhaus-Aufenthaltes im August steckte mir noch in den Knochen – als wider Erwarten die ersehnte Heilung nicht eintrat. Aber in Gesprächen mit Freunden wurde ich erneut mit diesem Thema konfrontiert. Einer davon lieh mir die Bücher »Heilung gehört uns« von Kenneth Hagin und »Krankenheilung« von T.L. Osborn aus. Beide Autoren sind Charismatiker und gehören damit einer christlichen Bewegung an, welche Glaubensheilungen, das Austreiben von Dämonen und andere Wunderwirkungen Gottes betont.

Die Lektüre verunsicherte mich: »Will Gott mich etwa doch durch ein Wunder heilen?« Wie sehr würde ich mir das wünschen. Doch wie sehr unterschied sich die Auffassung der Charismatiker von der Auffassung jener evangelischen Gemeinden, die ich kannte. Die Sache ließ mich nicht mehr los. Unbedingt wollte ich die Wahrheit erfahren. Wie war es nur möglich, dass Menschen, die die gleiche Bibel lesen, sich so uneinig sind?

Von manch einem Christen hörte ich eher resignierend klingende Worte wie: »Ja, gewiss, wenn der Herr wollte, könnte er mich wohl heilen. Aber wer kann wissen, ob er das will? Vielleicht will er, dass ich krank bleibe. Es sind ja so viele Fromme krank, oft schon jahrelang. Vielleicht ist diese Krankheit mein Leidensweg zum Himmel. Ich kann doch nicht wissen, was Gott vorhat. Da muss ich mich eben in Geduld üben und alles so hinnehmen, wie es kommt.«

Ganz anders klang die Meinung der Charismatiker Hagin und Osborn: »Heilung gehört uns, denn sie wurde uns durch Jesus Christus zur Verfügung gestellt. Jesus hat als unser Stellvertreter meine Sünden und meine Krankheiten getragen. Aus diesem Grund hat jedes Kind Gottes ein Anrecht auf göttliche Heilung. Die Heilung von Krankheiten ist vergleichbar mit der Erlösung von Sünden. Es geht lediglich darum, Gottes Angebot anzunehmen. Dies geschieht durch Glauben.«

Wer hat Recht?

Was war nun richtig? Die zuerst skizzierten Äußerungen hörten sich ja einerseits sehr fromm und demütig an. Andererseits stellte mich solch eine Einstellung nicht zufrieden. Sie ließ Fragen offen, wie zum Beispiel: »Wozu haben Christen den Heiligen Geist, wenn sie Gottes Wege trotzdem nicht verstehen können?« Die charismatische Auffassung dagegen passte eher in mein Bild von einem liebenden, allmächtigen Gott, der nur das Beste für seine Kinder will. »Es wäre schön, wenn Hagin recht hätte!«, dachte ich, obwohl seine Auffassung nicht mit meiner bisherigen Erfahrung übereinstimmte.

Doch ich wollte mich nicht unbedingt für eine der beiden Extrempositionen entscheiden, sondern nachforschen, was Gottes Wort zum Umgang mit Krankheit sagt. Es ging mir darum, möglichst unvoreingenommen die Bibel und weitere Bücher zum Thema Krankheit durchzuarbeiten. Ich bat Gott darum, mir seine Gedanken zu zeigen.

Je mehr ich von »extremen« Charismatikern wie Kenneth Hagin las, desto naiver kamen mir deren Behauptungen vor. Teilweise reihten sie einfach Bibelstellen aneinander, ohne den Textzusammenhang zu beachten. Sie brachten komplexe Zusammenhänge auf einen einfachen Nenner. Wilfried Plock – Gemeindegründer, Bibellehrer und eines meiner Vorbilder – fasste diese Denkweise folgendermaßen zusammen: »Alles Böse kommt vom Teufel. Alles Gute kommt von Gott. Für den Sonnenschein im Urlaub ist der liebe Gott zuständig. Für die Zahnschmerzen wird Satan verantwortlich gemacht.« Oder, auf meine Situation übertragen: »Der Teufel hat den Krebs in deinen Körper gepflanzt. Aber Gott ist stärker als der Teufel, und Gott will keine Krankheiten. Deshalb: Bete im Glauben zu Gott, dann wird er dich heilen.«

Obgleich mir damals der rechte Durchblick fehlte, erkannte ich eines: Gott heilt zwar heute noch. Aber wir haben keinen Anspruch auf Heilung. Wie sonst könnte der Apostel Paulus von kranken Mitarbeitern berichten, die er offensichtlich nicht heilen konnte: Er ließ Trophimus krank in Milet zurück (2. Tim 4,20), Epaphroditus war todkrank (Phil 2,25-27) und Timotheus hatte ein Magenleiden (1. Tim 5,23). Selbst der Herr Jesus heilte am Teich Betesda nur einen der vielen Kranken (Joh 5,2-9). Die anderen mussten ihr Leid weiter tragen. Wenn schon Jesus Christus und die Apostel nicht jeden Kranken heilten, obwohl sie die Vollmacht zum Vollbringen von Zeichen und Wundern hatten, wie sollten wir es können?

Das Leben in dieser Welt ist nicht vollkommen! Genau wie wir als Christen immer noch Gottes Gebote übertreten, genau wie wir immer noch sündigen, so haben wir auch noch mit unserem zerbrechlichen Leib zu tun und werden krank. Die endgültige und umfassende Erlösung von Sünde und Krankheit erfahren wir erst im Himmel (Röm 8,23).

Für mich war damit klar: Christen dürfen um Heilung bitten. Allerdings müssen sie es der Souveränität Gottes überlassen, ob er sie erhört. Unklar war indessen die Frage: »Will Gott mich persönlich heilen oder nicht? Wenn nicht: Was ist sein Ziel mit meiner Krankheit?« Ich war sicher: Ein Gott, der von sich sagt, dass er die Liebe ist, lässt seine Kinder nicht grundlos leiden. »Vielleicht«, so meine Gedanken, »kann ich aktiv dazu beitragen, dass Gottes Absichten in meinem Leben erreicht werden. Dann wäre ich möglicherweise schneller wieder gesund.«

So fragte ich Gott beharrlich, was er mit meiner Krankheit bezweckt: »Willst du meinen Lebensweg korrigieren? Soll ich etwa doch nicht Professor an der Fachhochschule werden? Soll ich für einen besonderen Auftrag zugerüstet werden? Willst du meinen Charakter durch das Leid schleifen? Oder ist es eine Art Prüfung, um zu sehen, ob mein Glaube echt ist?« Ich erwartete eine klare und konkrete Antwort Gottes auf diese Fragen – eine recht naive, schwärmerische Vorstellung. In diesem Punkt hatte ich mich von dem Gedankengut der charismatischen Bewegung verführen lassen.

Das biblische Krankengebet

Auf der Suche nach Antworten rief ich Martin an. Er ist Prediger der Landeskirchlichen Gemeinschaft Schwabach: »Würdet ihr nach Jakobus 5 für mich beten?« Dort steht in den Versen 14-16: »Ist jemand krank unter euch? Er rufe die Ältesten der Gemeinde zu sich, und sie mögen über ihm beten und ihn mit Öl salben im Namen des Herrn. Und das Gebet des Glaubens wird den Kranken retten, und der Herr wird ihn aufrichten, und wenn er Sünde begangen hat, wird ihm vergeben werden. Bekennt nun einander die Sünden und betet füreinander, damit ihr geheilt werdet!«

Schon Stunden vor unserem Gebetstreffen war ich ziemlich aufgeregt. Ich ging davon aus, dass Gott mir wie versprochen auf dieses Gebet hin helfen wird. Aber wie wird er helfen? Sofortige Heilung, Heilung durch die Therapie oder gibt er »nur« Kraft, das Leid zu tragen, vielleicht gar »nur« die Kraft zum Sterben? Falls er mich heilt: Wie werde ich erkennen, dass ich gesund bin? Ich vereinbarte mit Gott: »Lass bei der nächsten Blutuntersuchung die Leukos über 4000 liegen, wenn du mich geheilt hast.« In diesem Fall wollte ich die Behandlung sofort abbrechen. So könnte niemand Gottes übernatürliches Eingreifen abstreiten. Jesus Christus allein würde die Ehre für meine Heilung bekommen und diese nicht mit den Ärzten teilen müssen.

Zu Beginn unserer Begegnung erklärten die Gemeindeleiter Martin und Walter den Bibeltext aus Jakobus 5. Dann beteten wir und bekannten unsere Sünden gegenseitig. Anschließend legten die beiden ihre Hände auf meinen Kopf und baten Gott um die Heilung meiner Erkrankung.

Im Anschluss daran war ich voller Spannung. Hatte Gott das Wunder getan und mich geheilt? Nach zwei Tagen wurde endlich mein Blut untersucht. Das Ergebnis war ernüchternd: Die Leukos waren auf 1100 gefallen! Ich war entsetzt, weil ich voller Zuversicht auf eine Heilung gehofft hatte. Zumindest hatte ich eine Besserung erwartet, aber keineswegs eine Verschlechterung der Blutwerte. Wieder fiel ich in ein Loch. Wo war nur mein Gott, der mir zusichert: »Ich bin der Herr, dein Arzt!« (2. Mo 15,26)? Erwartete ich zu viel von ihm?

Dummerweise hatte ich nach dieser Erfahrung noch immer nicht verstanden, dass ich mit der Forderung von Zeichen auf dem Holzweg war. Einige Wochen später gewann ich erneut den Eindruck: »Vielleicht hat Gott mich doch auf übernatürliche Weise geheilt – als verzögerte Antwort auf das Gebet nach Jakobus 5 oder als Reaktion auf meine eigenen Gebete.« Ich wagte es, nochmals ein Zeichen mit ihm zu vereinbaren: »Wenn ich geheilt bin, dann mache mir dies bitte noch vor der nächsten Chemo durch Super-Blutwerte deutlich. Die Leukos sollen mindestens auf 5000 steigen.«

Schnell war der Tag der nächsten Infusion angebrochen. Blut wurde abgenommen. Ich war gespannt. Die Assistenzärztin zeigte mir den Ausdruck der Blutwerte: Leukos 6200! War das Gottes Zeichen? Sollte ich jetzt die Therapie abbrechen? Ich fragte, ob es möglich sei, eine Computertomographie anfertigen zu lassen. So könnte man sehen, ob der Tumor verschwunden ist. Die Oberärztin wurde konsultiert. Sie bat mich in ihr Büro. Ich erklärte ihr etwas verlegen meine Situation. »Von einem Abbruch der Therapie rate ich Ihnen dringend ab«, sagte Frau Dr. Falge bestimmt. »Die Leukos sind deshalb gestiegen, weil wir Ihnen mehr Kortison gaben. Eine Computertomographie ist überflüssig, denn wir würden die Therapie selbst dann fortsetzen, wenn der Tumor auf den Bildern nicht mehr sichtbar wäre. Man kann anhand solcher Aufnahmen keine Aussage darüber machen, ob jemand geheilt ist. Erst wenn Sie nach Abschluss der Behandlung fünf Jahre lang keinen Rückfall erleiden, sprechen wir von Heilung. Falls es allerdings für Ihr Seelenheil nötig ist, werde ich die Computertomographie veranlassen.«

Ich verabschiedete mich mit der Anmerkung, mir mein Vorgehen nochmals zu überlegen. Durch das Gespräch kam ich ins Zweifeln, bildete mir ein, in einer Zwickmühle zwischen Glaube und Verstand zu sitzen: Mein Glaube klammerte sich an die vermeintlich erfolgte Wunderheilung. Mein Verstand hielt sich an die Empfehlung meiner Ärztin, die Behandlung durchzuziehen.

Bei dem Gedanken, jetzt die Krebsbehandlung abzubrechen, fand ich keinen inneren Frieden. So betete ich: »Bitte vergib mir meinen Kleinglauben!« und ließ den Verstand siegen! Im ersten Moment war ich enttäuscht. Doch bald kehrte Freude über die erfahrene Ernüchterung ein. Eines hatte ich nun hoffentlich ein für allemal gelernt: Nie wieder wollte ich irgendwelche Zeichen von Gott fordern!

Gottes Wille – ein Geheimnis?

Warum hatte ich nur solche Probleme beim Erkennen von Gottes Willen? Sicherlich schätzte ich mich damals selbst falsch ein. Ich hatte bestimmte Vorstellungen zum Verlauf meines Lebens und war nicht wirklich bereit, mich darin grundlegend korrigieren zu lassen. Vielmehr wollte ich Gott für meine Pläne gewinnen. Mein Herz war taub für Aussagen wie: »Ich werde dich nicht heilen, du wirst an Krebs sterben.« Das konnte und wollte ich mir einfach nicht vorstellen. Meine Sehnsucht nach Gesundheit war zu groß dafür.

Überdies war ich stolz – hielt meinen Glauben für überdurchschnittlich und dachte, Jesus Christus würde mich dafür belohnen. Kein Wunder, dass ich unter diesen Umständen keine Antworten erhielt! Gott wird seine Wege nur solchen zeigen, die bereit sind, kompromisslos zu tun, was er sagt.

Abgesehen davon musste ich lernen zu akzeptieren: Gott bringt zwar seine allgemein gültigen Gedanken in der Bibel klar zum Ausdruck. Wenn es jedoch um Fragen der persönlichen Wegführung geht, spricht er heute meist nicht mehr deutlich hörbar zu seinem Volk, so wie er es zu biblischen Zeiten tat.

Im Nachhinein betrachtet hatte es auch Vorteile, dass Gott mich weder heilte, noch meine Bitte um ein Zeichen erhörte. Sonst hätte ich heute nicht nur selbst ein falsches Gottesbild. Ich würde mich obendrein noch bemühen, andere für meine irrigen Überzeugungen zu gewinnen – zum Beispiel durch Bemerkungen wie: »Du musst nur fest genug glauben, dann heilt Gott dich, genau wie er es bei mir tat!«

Das nicht erhörte Gebet um eine Wunderheilung öffnete mir dagegen die Tür zu einem besseren Verständnis der Bibel. Hungrig nach der Wahrheit genoss ich in den kommenden Jahren Lehrmaterial zu Themen wie Leid und Heilung – vor allem in Form von guten Büchern, Predigten sowie auf Kassetten aufgenommene Vorträge. Ein breiteres und tieferes Bibelwissen schützt mich heute davor, auf Verführer blind hereinzufallen.

[9] Einseitig verliebt

Als ich am 23. Dezember im Krankenhaus erschien, hoffte ich, die letzte Infusion zu bekommen. Wie gerne hätte ich die Chemotherapie noch vor den Weihnachtsfeiertagen hinter mich gebracht. Doch die Blutwerte waren mal wieder zu schlecht. Frau Dr. Falge reagierte taktvoll: »Ich schenke Ihnen zu Weihnachten eine teure Neupogen-Spritze zur schnelleren Vermehrung Ihrer Leukos. Mit dieser Spritze und ohne Infusion werden Sie deutlich angenehmere Feiertage verbringen. Und danach können Sie gestärkt die letzte Chemo angehen.«

»Steht inzwischen fest, wie lange die Bestrahlung dauern wird?« fragte ich. »Etwa drei Monate.« »Das schockiert mich, da ursprünglich von einem Monat die Rede war. Ich bin also frühestens im April 1997 wieder arbeitsfähig, nicht schon im Februar!« Frau Dr. Falge erklärte: »Sie wurden einer neuen medizinischen Studie zugeordnet. Deshalb werden Sie nicht wie bisher üblich nur dort bestrahlt, wo sich der Krebs befindet, sondern am ganzen Oberkörper.« Sie versuchte, mich zu trösten: »Wahrscheinlich ist es besser so, weil Ihr Tumor relativ groß war.«

Nach behaglichen Weihnachtsfeiertagen im Kreise der Familie bekam ich am 28. Dezember 1996 die letzte Infusion. Obwohl sie mir abermals schwer zu schaffen machte, überwogen die tröstlichen Gedanken: »Das war die letzte Chemotherapie in deinem Leben. Bald ist alles vorbei und du bist wieder gesund.«

Bereits an Silvester ging es mir wieder gut genug, um nach Neunkirchen im Siegerland zu fahren. Meine Freunde Udo, Steve, seine Verlobte Anke und vor allem Ankes Freundin Kerstin – meine Traumfrau – feierten dort zusammen mit ihrer Clique den Jahreswechsel. Ich war dazu eingeladen. Wie herrlich, mit so netten, amüsanten Leuten zusammen zu sein! Nur der Kontakt mit Kerstin war mal wieder dürftig. Dennoch war ich nach diesem Abend noch mehr begeistert von ihr als vorher. Ihr Lächeln, ihre ruhige, ausgeglichene Art faszinierten mich.

Kerstin ging mir seitdem nicht mehr aus dem Sinn, verursachte ein Chaos in meinem Kopf und bereitete mir schlaflose Nächte. Schon lange sehnte ich mich nach einer lieben, gläubigen Frau, mit der ich über alles reden kann, die mich so annimmt, wie ich bin, die ich zärtlich in die Arme nehmen kann. Obwohl ich sie kaum kannte, war ich sicher, dass Kerstin genau meinen Vorstellungen entspricht. »Ob ich Chancen bei ihr habe?« Jedes Lächeln, jeder Wortwechsel mit ihr steigerten meinen Optimismus. Wenn ich dagegen den Eindruck hatte, dass sie mir aus dem Weg geht, war ich deprimiert. Beiläufige Anmerkungen ihrer Freundin Anke legte ich auf die Goldwaage. Sätze wie »Kerstin freut sich, dass es dir wieder besser geht …« stimmten mich froh. Äußerungen wie: »Ich glaube, du bist nicht der einzige Interessent …« dagegen machten mich traurig. Ich überlegte: »Warum sollte sie sich auf die ungewisse Zukunft mit einem krebskranken Mann einlassen? Selbst wenn ich wieder gesund werden würde: Als Krankenschwester weiß sie doch von der Gefahr eines Krankheitsrückfalles und von dem Risiko, durch eine Krebsbehandlung zeugungsunfähig zu werden. Und da Kerstin Kinder so lieb hat, wäre es ein großes Opfer für sie, auf eigene zu verzichten.«

Welch ein Vorrecht, dass ich auch diese Sorgen meinem allmächtigen Gott anvertrauen durfte: »Dir ist kein Ding unmöglich, himmlischer Vater. Du könntest bewirken, dass sich Kerstin in mich verliebt. Das wäre neben Gesundheit das größte irdische Geschenk für mich.« Mir wurde bewusst, wie abhängig ich von Gott bin. Es lag allein an ihm, ob mein Leben in Elend und Tod oder in Glück und Freude endet. Meine Gesundheit, die Frage der Lebenspartnerin und des Berufes, ob ich eine Bereicherung für andere Menschen sein werde oder eher eine Last – alles lag in seiner Hand und ich konnte nichts anderes tun, als ihn um Hilfe zu bitten. Trotz dieser Einsicht gelang es mir nicht, die Angelegenheit allein Gott zu überlassen. Immer wieder ertappte ich mich dabei, ihm vorzuschlagen, was er tun sollte.

[10] Die Strahlen-Keule

Anfang Januar 1997 war großer Untersuchungstag. Der Erfolg der Chemotherapie wurde überprüft – ein umfangreiches Vorhaben mit Ultraschall-Kontrollen, Röntgenaufnahmen, Computertomographien, Abtasten des Körpers nach Lymphknoten usw. Die Nacht vorher konnte ich kaum schlafen, fürchtete mich vor dem Fall, dass die bisherige Therapie nicht angeschlagen hat, der Tumor womöglich sogar gewachsen ist. So betete ich unablässig um Gnade.

Als ich nach fast fünf Stunden endlich alle Untersuchungen hinter mir hatte, saß ich angespannt vor dem Arztzimmer und wartete, bis mein Name aufgerufen wird. Endlich war es so weit. Frau Dr. Falge lächelte: »Wie erwartet: Abgesehen von Vernarbungen ist vom Tumor nichts mehr zu sehen. Sie können beruhigt in die Bestrahlungstherapie gehen.« Ich jubelte und eilte nach Hause, um die erleichternde Nachricht an all jene weiterzugeben, die mit mir gezittert hatten.

Der zweite Behandlungsabschnitt sah 22 Sitzungen zur Bestrahlung des Hals-, Schulter- und Brustbereiches vor und 22 für den Bauch- und Leistenbereich. Zunächst zeichnete die Radiologin Frau Dr. Huber mit ihrem Team das Bestrahlungsfeld in stundenlanger Arbeit mit wasserfesten Stiften auf meinem Körper ein. Außerdem mussten Metallblöcke und eine Gesichtsmaske angefertigt werden, um meine Lunge sowie den Gesichtsbereich vor den harten Strahlen zu schützen.

Fünf Tage später wurde es ernst. Pünktlich erschien ich im zweiten Untergeschoss des Krankenhauses. Die Umgebung kam mir vor wie ein Bunker. Es gab kein Sonnenlicht, keine schönen Bilder an der Wand. Selbst der Warteraum war trist. Die Blutwerte waren in Ordnung, es konnte losgehen. Ich wurde in einen schlecht beleuchteten Raum geführt. Darin stand das sehr alt aussehende, riesige, unheimlich wirkende Bestrahlungsgerät wie ein Monster vor mir. Die Medizinisch-Technische-Assistentin versuchte, mich zu beruhigen: »Unsere Bestrahlungsgeräte sehen nicht wegen ihres Alters, sondern wegen ihrer häufigen Benutzung so heruntergekommen aus. Sie entsprechen dem neuesten Stand der Technik.«

Ich musste die enge Gesichtsmaske aufsetzen und meinen Oberkörper frei machen, damit das auf der Haut eingezeichnete Bestrahlungsfeld sichtbar wurde. Zwei Mitarbeiterinnen bemühten sich, meinen Körper und die auf einer Scheibe über mir liegenden Metallblöcke zurechtzurücken. Offensichtlich waren sie sich ihrer Verantwortung bewusst. Es kam auf Millimeter an.

Schließlich sollten die harten Strahlen den Tumor treffen und nicht das gesunde Gewebe. Das Gefühl, dass sehr exakt gearbeitet wurde, stärkte mein Vertrauen in die Behandlung.

Als alle Vorbereitungen abgeschlossen waren, verließ das Krankenhauspersonal den Raum, eine dicke Panzertür fiel zu, ich war alleine mit dem Gerät. Ein leises Brummen machte mir bewusst: »Jetzt wird mein Körper mit Strahlen bombardiert!« Nach einer Minute schwenkte eine Assistentin das Gerät. Noch einige Sekunden Bestrahlung von unten und schon war alles vorbei. Es war harmloser als erwartet. Erleichtert fuhr ich nach Hause.

Gott sei Dank empfand ich die Nebenwirkungen der ersten 22 Bestrahlungen nicht so stark wie jene der Chemotherapie. Ich fühlte mich zwar matt; im Laufe der Zeit kamen Schluckbeschwerden, Mundtrockenheit und Halsschmerzen hinzu. Gegen Ende der Behandlung hatte ich leichte Verbrennungen – ein Gefühl wie bei einem Sonnenbrand. Doch damit kam ich gut zurecht. Was mir mehr zu schaffen machte war die Befürchtung, in Zukunft vielleicht wieder Krebs zu bekommen. Dann stünde mir eine extrem harte Chemotherapie bevor.

Tu das, was du tun kannst!

Um einem Wiederauftreten der Krankheit vorzubeugen, betete ich täglich für Gesundheit und handelte nach der Devise: »Tu das, was du tun kannst und lege den Rest in Gottes Hand!« Zuerst unterzog ich mich bei einem Naturheilkundler einer Sauerstofftherapie sowie einer Eigenblutbehandlung. Als weitere Maßnahme im Kampf gegen den Krebs studierte ich ein Buch von der Gesellschaft für biologische Krebsabwehr und versuchte, einige Vorschläge daraus umzusetzen. Beispielsweise nahm ich nach jeder Bestrahlung Selen ein, um den Schaden am gesunden Gewebe zu mindern, sowie Enzyme, um die körpereigene Abwehr zu stärken. Auch auf eine ausgewogene Ernährung mit Vollwertkost legte ich viel Wert. Das Gefühl, selbst etwas gegen die Krankheit zu tun und nicht ohnmächtig den Klinikärzten ausgeliefert zu sein, beruhigte mich.

Nach dem ersten Bestrahlungsblock musste ich aufgrund schlechter Blutwerte eine Zwangspause einlegen. Kein Wunder! Immerhin musste mein Körper in den letzten vier Wochen jeden

Werktag eine Bestrahlung verkraften. Die Pause war eine gute Gelegenheit, um mit meiner Clique aus Nürnberg zwei Tage lang in den Bayerischen Wald zu reisen. Ich wagte es sogar, Ski zu fahren. Wir hatten viel Spaß zusammen. Ein herrliches Wochenende.

Am 13. März 1997 begann der zweite Bestrahlungsblock. Nach dem Brust- war nun der Bauchraum an der Reihe. Weitere 22 Bestrahlungen lagen vor mir, die mich körperlich mehr belasteten als die vorherigen: Mir war übel, ich fühlte mich erschlagen, hatte den Eindruck, dass die Behandlung mehr schadet als nutzt. Warum diese Quälerei? Im Bauchraum war doch ohnehin kein Tumor zu sehen! Ich sprach mit dem Chef der Radiologie, Professor Renner, über einen möglichen Abbruch der Therapie. Er riet mir davon ab, schlug stattdessen vor, die tägliche Strahlendosis zu reduzieren. Das verbessere die Verträglichkeit. Gerne ging ich darauf ein.

Beiläufig erzählte Professor Renner von einer Studie, nach der die Behandlungserfolge bei Gläubigen deutlich höher lagen als bei Ungläubigen. »Das freut mich«, merkte ich an, »denn ich bin gläubig.« Daraufhin lud er mich zu den von ihm geleiteten wöchentlichen Gebetstreffen des Städtischen Klinikums ein, wo ich fortan regelmäßig erschien. In der Gesellschaft von Krankenschwestern, Ärzten und anderen Krebskranken fühlte ich mich verstanden. Wir beteten füreinander, lasen uns ermutigende Bibelstellen vor und lobten Gott, denn Grund dazu gab es trotz der Krankheit immer noch genug. »Auch in meinem Alltag soll die Anbetung Gottes mehr Raum einnehmen«, nahm ich mir vor. Ich stellte fest, es stimmt tatsächlich: »Loben zieht nach oben und Danken schützt vor Wanken.« Wann immer es mir gelang, zu danken, obgleich mir zum Klagen zumute war, wurde ich reichlich dafür beschenkt.

[11] Meine zweite Lebenschance?

Nach der letzten Bestrahlung am 17. April 1997 und den Abschlussuntersuchungen konnte ich tief durchatmen. Frau Dr. Falge berichtete freudig: »Auf den Röntgenaufnahmen sind nach wie vor nur Vernarbungen zu sehen. Der Tumor scheint besiegt zu sein.« Wie glücklich war ich über diese Nachricht! Allerdings sollte ich mich weiterhin schonen: »Die Behandlung lief gut, war jedoch sehr einschneidend. Es wird noch einige Monate dauern, bis Sie wieder voll leistungsfähig sind. Sie könnten zur Erholung drei bis vier Wochen auf Kur gehen.« »Nein danke!«, erwiderte ich. »Alte, kranke und jammernde Menschen habe ich in den letzten neun Monaten genug gesehen. Deshalb organisiere ich meinen Erholungsurlaub lieber selbst.« Frau Dr. Falge lächelte zustimmend. »Wir sehen uns in drei Monaten zur ersten Nachuntersuchung«, rief sie mir beim Gehen zu.

Welch eine Wohltat war es, nach all dem Leid zusammen mit meinem Freund Wolfgang zehn Tage in einem schönen Hotel in Mallorca zu verbringen. Endlich war ich wieder ganz Mensch, genoss die Meeresluft, die Sonne und den Tapetenwechsel in vollen Zügen. Jeden Tag ging ich am Sandstrand joggen. Natürlich hatte meine Kondition in den letzten Monaten nachgelassen. Doch ich war noch erstaunlich fit. Offensichtlich hatte es sich gelohnt, auch während der Behandlung nach Möglichkeit Sport zu treiben.

Kurz nach diesem Urlaub meldete ich mich am ZEW zurück. Endlich wieder ein normaler Arbeitsalltag. Da ich während meiner Therapie fachlich auf dem Laufenden geblieben war, fiel der Wiedereinstieg nicht sonderlich schwer.

Bis ich in Mannheim eine Wohnung fand, übernachtete ich bei meinem Freund Freimut. Diese Wochen waren sehr wichtig für mich, denn mit Freimut konnte ich offen über meine Zukunftssorgen reden. Dabei wurde mir klar, dass ich mich von meinem starken Wunsch nach Gesundheit lösen muss. Nach längerem Ringen betete ich daher: »Lieber Herr Jesus, du weißt, wie sehr ich mich danach sehne, gesund zu bleiben. Doch wenn du andere Pläne für mein Leben hast, geschehe dein Wille!«

Ein seltsamer Traum

Mitte Juni 1997 hatte ich einen seltsamen Traum. Darin rief mich mein Freund Günter an und sagte Folgendes: »Du hast sehr viel für Heilung gebetet. Trotzdem kann es sein, dass du wieder krank wirst. Das ist nötig, damit deine Krankheit und dein Leben zum vollen Segen wird. Du kannst nicht deinen kerzengeraden Weg gehen. Danach wirst du die ganze Fülle erhalten.« Ich wachte sofort auf und notierte diese Worte.

Was war das? Hatte etwa Gott zu mir geredet? Sonst konnte ich mich nie daran erinnern, was ich geträumt hatte. Dieser Traum war anders. »Du wirst wieder Krebs bekommen. Das ist nötig, damit Gott dich gebrauchen kann«, war mein erster Gedanke dazu. Hatte ich nicht seit der Diagnose Tag und Nacht darum gefleht, nie wieder Krebs zu bekommen? Wie oft hatte ich Gott gesagt: »Lieber würde ich schnell und schmerzlos durch einen Autounfall sterben, als noch einmal an Krebs zu erkranken.« Nun träumte ich, dass das Schrecklichste eintreten wird, was ich mir vorstellen konnte und war trotzdem gelassen, spürte einen tiefen Frieden. Ich war nicht schweißgebadet und konnte nach dem Traum gleich wieder einschlafen.

Am nächsten Tag las ich Psalm 115,3: »Unser Gott ist in den Himmeln; alles, was ihm wohl gefällt, tut er.« Dabei wurde mir neu bewusst: »Mein Leben gehört Gott. Er kann mich so führen, wie er es für richtig hält, ohne mich nach meiner Meinung und nach meinen Wünschen zu fragen.« Meine Angst vor einem Krankheitsrückfall offenbarte, dass ich Gott noch nicht vorbehaltlos am Steuerrad meines Lebensschiffes agieren ließ. Mein Ego wollte mitlenken. Ich vertraute meinem Herrn nicht so, wie er es wollte. Sonst hätte ich nur einen Wunsch gehabt: Ein Leben zur Ehre Gottes zu führen, egal was es kostet.

Oder deutete ich diesen Traum falsch? Wollte mir Jesus Christus nur verdeutlichen, dass er mir meinen Wunsch nach lebenslanger Sicherheit nicht erfüllen wird? Wie gerne würde ich bis an mein Lebensende planen können. Am liebsten hätte ich von Gott die Zusicherung, den Rest meines Lebens gesund zu bleiben. »Dann könnte ich ihm sorgloser, befreiter und dadurch auch wirksamer dienen«, dachte ich unterschwellig. Um mich von dieser Haltung zu befreien, wollte Gott mir vielleicht zeigen, dass es genügt, den nächsten Schritt zu kennen.

Womöglich war der Traum gar nur das Ergebnis meiner Sehnsucht, Gott intensiver zu erleben. Ich kannte niemanden, zu dem Gott in Form von Träumen gesprochen hat. Jedoch las ich in den Tagen zuvor viel in dem Buch des charismatischen Autors Jack Deere: »Überrascht von der Stimme Gottes.« Darin werden zahlreiche Argumente dafür genannt, warum Gott heute noch so wie zu biblischen Zeiten direkt zu uns redet. Ähnlich wie bei der Frage der Krankenheilung war ich einerseits fasziniert davon und andererseits unsicher, ob das stimmt. Da ich mich auf keine neuen Glaubens-Experimente einlassen wollte, nahm ich folgende Haltung ein: »Was sich auch immer hinter diesem Traum verbergen mag, ob er von Gott war oder nicht – die Zukunft wird zeigen, ob ich gesund bleiben darf oder wieder in die Krebsmühle zurück muss. Nun gilt es, im Heute zu leben.«

Habe ich Chancen bei Kerstin?

Schon nach wenigen Tagen beschäftigte mich mein Traum überhaupt nicht mehr. Die Arbeit sowie die anstehende Hochzeit meiner Freunde Steve und Anke wirkten ablenkend. Kerstin und ich waren als Trauzeugen in die Hochzeitsvorbereitungen involviert – eine gute Chance, sie besser kennen zu lernen. Kerstins Einsatz, um ihrer Freundin eine schöne Hochzeit zu ermöglichen, beeindruckte mich und wirkte wie Öl auf das Feuer, das in meinem Herzen ohnehin schon für sie brannte.

Anscheinend war auch sie von meinem Einsatz beeindruckt. Jedenfalls scherzten und lachten wir viel, besonders am Tag der Feier. Überhaupt war plötzlich alles ganz anders: Vorher verhielt sich Kerstin mir gegenüber recht zurückhaltend. Jetzt begegnete sie mir sehr liebevoll. Es war, als ob Gott ihr Herz verwandelt hätte.

Lag das etwa daran, dass sich meine Gebete für sie verändert hatten? Anfangs hatte ich von Gott gefordert, mir wenigstens eine glückliche Beziehung zu gönnen, nachdem er mir mit meiner Krankheit so viel zugemutet hatte. Inzwischen sah ich ein: »Ich darf den allmächtigen Gott auch im Hinblick auf meinen Partnerwunsch nicht weiter bedrängen. Er will mein Bestes und weiß besser als ich, ob Kerstin und ich zusammen glücklich werden können.« Seitdem betete ich: »Wenn du willst, wenn es gut für uns beide ist, dann bewirke doch bitte, dass Kerstin sich in mich verliebt. Falls wir nicht zusammenpassen oder falls du mich gar an Krebs sterben lassen willst, hilf mir bitte, über den Liebeskummer hinwegzukommen.« Auf keinen Fall wollte ich, dass Kerstin durch eine Freundschaft mit mir unglücklich wird! Wie entspannend war es, die Angelegenheit allein Jesus Christus zu überlassen.

Bereits wenige Tage nach der Hochzeit unserer gemeinsamen Freunde erhielt ich einen langen, lieben Brief von ihr. Zwischen den Zeilen meinte ich zu lesen: »Ich interessiere mich für dich!«

Ich hätte vor Freude in die Luft springen können, so sehr liebte ich Kerstin. »Die wird meine Frau!«, meinte ich schon vor dem Zieleinlauf zu wissen.

Doch nun stand erst mal der schon länger gebuchte Finnland-Urlaub mit dem christlichen Reiseveranstalter Liebenzeller Mission auf dem Programm. Wir waren eine nette Gruppe von jungen Leuten und wohnten auf einer einsamen Insel in Blockhäusern – inmitten einer wunderschönen Natur aus Wäldern und Seen. Bald lernte ich Toni kennen – Schreiner und Liedermacher. Er bereicherte uns mit seinen auf der Gitarre begleiteten Liedern. Vielleicht wurden wir deshalb Freunde, weil wir in einer ähnlichen Situation waren: Beide aus Franken, beide gläubig, beide naturverbunden und beide verliebt, ohne genau zu wissen, wie unsere Traumfrauen zu uns stehen. Deshalb zogen wir uns fast täglich an ein stilles Plätzchen am See zurück, um gemeinsam unseren Partnerwunsch vor Gott auszubreiten.

Nach diesem herrlichen Urlaub machte mir Anke schließlich Mut, Kerstin endlich meine Gefühle zu offenbaren. Sie ließ durchblicken, dass ich gute Chancen bei ihrer Freundin hätte. Ich zerfloss fast vor Freude. Am Telefon vertraute ich Kerstin daraufhin an, wie sehr ich in sie verliebt bin. Anschließend sprang ich ins Auto und brauste nach Gießen, wo mich Kerstin am Eingang des Schwesternwohnheims empfing. Unsere Begegnung begann lustig: Zuerst fuhren wir einige Zeit zu zweit im Aufzug spazieren. Irgendjemand drückte anscheinend wahllos die Knöpfe, so dass wir mehrmals in den zehnten Stock und wieder zurück ins Erdgeschoss transportiert wurden, bevor wir in Kerstins Zimmer ankamen. »Halb so schlimm!« waren wir uns einig.

Danach setzten wir uns in ein gemütliches Restaurant. Während ich betete, um Gott für das Essen zu danken, senkten wir andächtig die Köpfe. Plötzlich stupste mir die Bedienung auf die Schulter. »Geht es Ihnen nicht gut?«, wollte sie wissen. »Im Gegenteil«, erwiderte ich schmunzelnd. Nach einer angenehmen Aussprache lud uns der klare Sternenhimmel zu einem Spaziergang im romantischen Stadtpark ein. Die Welt schien uns zu Füßen zu liegen – so glücklich waren wir. Dieses Glück war perfekt, als wir in den kommenden Tagen erleben durften, wie sehr sich unsere Eltern und Freunde mit uns freuten.

Ich konnte es kaum fassen: Mein Gott hatte mir im Alter von

29 Jahren das Mädchen zur Freundin geschenkt, für das ich fast zwei Jahre lang intensiv gebetet hatte. Bei ihm hat es keine Bedeutung, ob jemand krebskrank war oder ist. Wenn er jemanden beschenken möchte, tut er es. »Wie man Wasser durch Kanäle in die gewünschte Richtung leitet, so lenkt Gott die Gedanken des Königs, wohin er will«, sagt die Bibel in Sprüche 21,1. Gott hatte Kerstins Herz auf meine und meiner Freunde Gebete hin bewegt, davon war ich überzeugt.

Das Leben läuft bestens

Endlich mal wieder lief das Leben richtig gut: Ich war frisch verliebt und erfreute mich der vielen schönen Momente mit Kerstin. Voller Optimismus planten wir unsere gemeinsame Zukunft. Wir waren überzeugt, dass wir heiraten und zusammen alt werden würden. Beruflich kam ich gut voran: Während eines zweiwöchigen Aufenthaltes an der Universität Lancaster in England arbeitete ich zusammen mit meinem Professor an dem Konzept für meine Doktorarbeit. Selbst körperlich ging es mir ausgezeichnet. Ich trieb viel Sport und war bald wieder fast so fit wie vor meiner Erkrankung.

Von meiner »zweiten Lebenschance« war ich so begeistert, dass ich am liebsten der ganzen Welt davon erzählt hätte. Um mit möglichst vielen Freunden zu feiern, lud ich zu meinem dreißigsten Geburtstag nach Nürnberg ein. Meine Eltern übernachteten bei Verwandten, damit wir ihr ganzes Haus zur Verfügung hatten. Ich hielt eine kleine Ansprache, um meine Dankbarkeit Gott gegenüber auszudrücken. Er war es, der mir durch die schwere Zeit meiner Krebsbehandlung geholfen hatte. Er war es auch, dem ich meine Gesundheit sowie Kerstin zu verdanken hatte. Toni sang einige Lieder. Wir aßen gut, lachten und amüsierten uns. Nur die Furcht vor einem Krankheitsrückfall trübte meine gute Laune ein wenig. Besonderen Respekt hatte ich vor den vierteljährlichen Nachuntersuchungen.

[12] Ein Rezidiv

Als ich am Freitag, den 6. März 1998, mal wieder zu solch einer Untersuchung im Klinikum Nürnberg vorsprach, war zunächst alles genauso wie sonst auch: Nach der Blutabnahme, einer Ultraschalluntersuchung, einer Röntgenaufnahme sowie dem Abtasten meines Körpers auf Lymphknoten-Vergrößerungen wurde ich nach Hause geschickt. Der zuständige Arzt, Herr Dr. Gröscher, wollte mir abends das Untersuchungsergebnis telefonisch durchsagen. Nachdem ich nichts von ihm hörte, ging ich davon aus, dass alles in Ordnung sei. Wie erschrak ich, als Dr. Gröscher am darauf folgenden Montag an meinem Arbeitsplatz anrief und sagte: »Auf der Röntgenaufnahme Ihrer Lunge ist etwas zu sehen, was dort nicht hingehört! Sie müssen schnellstens kommen. Eine Computertomographie wird uns helfen, Genaueres herauszufinden.« Sofort sagte ich meinem Chef Bescheid und fuhr ins Krankenhaus nach Nürnberg. Kerstin nahm sich spontan Urlaub, um mich zu begleiten.

Kerstin und ich hatten schreckliche Angst, weil uns bewusst war: Bei einem erneuten Auftreten des Krebses sind die Heilungschancen gering. In dieser Stresssituation lag uns unvermittelt das gleiche Gebet am Herzen. Ohne genauer über den Inhalt nachzudenken, gingen wir auf unsere Knie und flehten zu Gott: »Wenn du Gesundheit schenkst, egal auf welchem Weg, werden wir eine Bibelschule besuchen und vollzeitig für dich und deine Gemeinde arbeiten.« Sicherlich wird von solchen Versprechen in Notlagen in der Bibel berichtet (z.B. Ps 66,13-14). Doch ich merkte, dass ich Gott dadurch gnädig stimmen wollte. Und das konnte nicht funktionieren, weil sich der souveräne Gott nicht durch mein Verhandlungsgeschick umstimmen lässt.

Gerade weil uns unser gemeinsames Gebet so zuversichtlich gestimmt hatte, empfanden wir es wie einen Schlag ins Gesicht, als Dr. Gröscher nach Auswertung der Computertomographie berichtete: »Der Schatten ist zweifellos ein angeschwollener Lymphknoten. Es gibt zwei Möglichkeiten: Entweder handelt es sich um ein Rezidiv – eine Wiedererkrankung – oder um eine vorübergehende Schwellung.« »Was nun?«, hakte ich mit zitternder Stimme nach. »Wir werden in vier Wochen eine zweite Tomographie anfertigen. Falls der Lymphknoten bis dahin weiter wächst, müssen wir leider von einem Rezidiv ausgehen.«

»Wie soll ich mit dieser Nachricht im Hinterkopf den bevorstehenden Skiurlaub im Stubaital überstehen?«, haderte ich anfänglich. Doch wie schon so oft erwies sich die Ablenkung als wohltuend: Tagsüber genossen wir das Skilaufen im traumhaft weichen Pulverschnee bei oftmals strahlend blauem Himmel. Und abends saßen wir in unserer gemütlichen Berghütte, wo wir gemeinsam kochten und viel lachten. Für beängstigende Gedanken wie »was geht jetzt wohl in meinem Körper vor sich?« blieb wenig Freiraum. Zudem klammerte ich mich bis zuletzt an die Hoffnung, dass der vergrößerte Lymphknoten Folge einer schweren Erkältung sein könnte.

Doch die zweite Computertomographie offenbarte für das bloße Auge sichtbar die schreckliche Wahrheit: Der Lymphknoten war tatsächlich weiter gewachsen. Es war das eingetreten, was ich in den letzten eineinhalb Jahren mehr gefürchtet hatte als alles andere – ich hatte wieder Krebs! Im Klinikum Nürnberg wurde mir empfohlen, zur Sicherstellung des Befundes eine Gewebeprobe des angeschwollenen Lymphknotens entnehmen und auf Krebszellen untersuchen zu lassen. Aber darauf verzichtete ich, weil es sich nach der Aussage von drei erfahrenen Ärzten mit sehr hoher Wahrscheinlichkeit wieder um Morbus Hodgkin handelte. Unter diesen Umständen wollte ich mir jeden unnötigen Eingriff ersparen. Ich hatte ohnehin noch genug Leid vor mir.

Was nützt es, gläubig zu sein?

Zurück bei meinen Eltern herrschte Trauerstimmung. Alle vier waren wir gequält von Anfechtungen: »Wie viel wurde für meine Gesundheit gebetet! Und nun gehöre ich zu den 10-20% jener Patienten, die nach einer erfolgreichen Therapie einen Krankheitsrückfall erleiden. Was ist das für ein Gott? Will er mich kaputtmachen? Was nützt es mir, gläubig zu sein und dem Herrn Jesus nachzufolgen, wenn es mir schlechter geht als den meisten Ungläubigen? Warum hat er mir in den letzten Wochen endlich Gelingen zu meiner Arbeit geschenkt, um mich dann wieder herauszureißen aus meinem Beruf?«

30 Jahre lang hatte ich für mein Glück gekämpft. Nun stand ich kurz vor meinem Ziel: Mein Wunsch nach einer lieben Frau war in Erfüllung gegangen, derjenige nach einer Stelle als Dozent an der Fachhochschule zumindest in realistische Nähe gerückt. Wollte Gott mir gerade jetzt alles Erreichte wegnehmen?

War es nicht seltsam? In den ersten Jahren meines Lebens als

Christ erfuhr ich viele Gebetserhörungen. Das Leben lief bestens. Gott schenkte Gelingen zu fast allem, was ich tat, sei es beruflich oder im Sport. Und jetzt schien alles schief zu gehen, obwohl ich mich intensiver mit Gott beschäftigte, ihm gehorsamer war und ihn mehr liebte als je zuvor.

Wie gut, dass einige meiner Freunde mich an den folgenden Tagen und Wochen anriefen, um mir neuen Mut zuzusprechen, um mich daran zu erinnern, dass Gott lebt und mich liebt. Wie gut, dass mir mein Traum vor zehn Monaten Hoffnung machte: »Diese Krankheit ist nötig, damit dein Leben zum Segen wird.« Und wie gut, dass Kerstin so treu zu mir hielt. Nach Abschluss ihrer Ausbildung zur Krankenschwester in Gießen und ersten Berufserfahrungen in Köln zog sie im April 1998 nach Heidelberg um. Sie arbeitete dort an der Uniklinik und wohnte fortan nur noch 20 km von meiner Wohnung entfernt. Endlich konnten wir uns auch werktags regelmäßig sehen. Wir schlossen uns der Gemeinde Mannheim-Käfertal an, wo wir im Gottesdienst, in einem Bibelkreis sowie im Gebetskreis viel Kraft schöpfen konnten.

Gemeinsam Gottes Pläne erkunden

Doch was sollte ich nun tun? Was erwartete Gott jetzt von mir? Mein Freund Günter schlug vor, gemeinsam für Kerstins und meine Zukunft zu beten. Wir waren zu sechst und nahmen uns einen ganzen Abend Zeit. Zuerst stellten wir den großen, allmächtigen Gott vor unser geistiges Auge und beteten ihn an. Danach war Walter so kühn, Gott zu fragen, wie er sich in meiner Situation verherrlichen will. Keinem von uns kam eine Antwort in den Sinn. Schließlich erzählte Walter, dass seine Frau Ulla intensiv für mich gebetet hatte und ihr dabei immer wieder Apostelgeschichte 2,27 eingefallen war. Dort steht: »Denn du wirst mich nicht dem Tod und der Verwesung überlassen, ich gehöre ja zu dir.« Ich war kritisch: »Das ist doch ein Hinweis auf die Auferstehung Jesu – eine Prophetie, die sich auf ihn, nicht auf mich bezieht.« Nach all meinen negativen Erfahrungen beim Hören von Gottes Stimme hatte ich Zweifel, ob diese Worte wirklich von Gott an mich gerichtet waren.

Als ich das offen sagte, baten wir Gott gemeinsam: »Bitte bestätige dieses Versprechen, falls es tatsächlich von dir kommt.« Da ich keine weitere Reaktion erwartete, war ich sehr überrascht, als mich am nächsten Abend Albin anrief, ein Bekannter, der nichts von unserem Gebetstreffen wusste: »Beim Nachdenken über deine Krankheit kam mir Psalm 16,10-11 in den Sinn.« Ich traute meinen Augen kaum, als ich die Bibel aufschlug und Folgendes las: »Denn du wirst mich nicht dem Tod und der Verwesung überlassen, ich gehöre ja zu dir. Du zeigst mir den Weg, der zum Leben führt. Du beschenkst mich mit Freude, denn du bist bei mir. Ich kann mein Glück nicht fassen, nie hört es auf.« Das war die erbetene Bestätigung, denn Psalm 16 wird in Apostelgeschichte 2 fast wörtlich zitiert. Offensichtlich wollte Gott mir eine Botschaft übermitteln. Nur wie war diese Botschaft zu verstehen? Wie sah dieser »Weg, der zum Leben führt« konkret aus?

[13] Eine schwere Entscheidung

Der Chefarzt des Klinikums Nürnberg, Professor Gallmeier, empfahl mir nachdrücklich, so bald wie möglich mit einer Hochdosis-Chemotherapie zu beginnen. »Das würde folgendermaßen ablaufen«, erklärte er: »Mit einer besonders starken Chemotherapie sowie einer Ganzkörperbestrahlung versuchen wir, alle Krebszellen in Ihrem Körper zu vernichten. Leider zerstört diese Behandlung auch Ihr Knochenmark. Das heißt, Sie werden am Ende sehr schwach sein und nahezu keine körpereigenen Abwehrkräfte mehr haben. Um Ihr Immunsystem wiederherzustellen, übertragen wir Ihnen Stammzellen oder gespendetes Knochenmark.«

»Ist nach so einer Behandlung die Gefahr eines erneuten Rückfalls ausgeschlossen?«, fragte ich. »Leider nein!«, antwortete Professor Gallmeier. »Dennoch: Ich würde selbst meinem Sohn diesen harten Weg empfehlen, weil ich keine anderen Möglichkeiten sehe! Immerhin haben Sie mit der Hochdosis-Chemotherapie eine reale Heilungschance!«

Nach dieser Aussage lag eigentlich auf der Hand, was zu tun war. Schließlich hatten wir um Weisheit für die Ärzte gebetet. Außerdem ist die moderne Medizin eine Gabe Gottes, die es zu nutzen gilt. Was mich jedoch zurückhielt, war die Tatsache, dass ich mich vor dieser Therapie entsetzlich fürchtete. Überdies war ich skeptisch gegenüber den Äußerungen der Ärzte, zumindest was die Heilungschancen betrifft.

Da Gott mir nach Psalm 16 den »Weg, der zum Leben führt« zeigen wollte, zog ich mich für drei Tage alleine auf eine einsame Hütte zurück, um von ihm zu erkunden, was ich nun tun sollte. Gottes Wort fordert mich ja dazu auf (Eph 5,17): »Versteht, was der Wille des Herrn ist.« In dieser Zeit rang ich regelrecht mit Gott um eine Antwort, indem ich fortwährend betete, in der Bibel las und Pro und Contra einer Hochdosis-Chemotherapie abwog. Trotzdem kam ich in meiner Entscheidung nicht weiter. Mir fehlten Informationen.

Ich brauche mehr Informationen

Also fragte ich Betroffene. Ich wusste von Steffen, der aufgrund seiner Leukämie mit einer Hochdosis-Chemotherapie behandelt worden war. Er beschrieb sie als »die Hölle auf Erden«. Er hatte enorme Schmerzen, konnte nachts nicht schlafen und war von Alpträumen gequält. Selbst Morphium half wenig. Auch die Folgen der Behandlung waren schrecklich: Steffen fuhr kurz vor Beginn der Therapie noch mit einem Freund 50 km Fahrrad, danach musste er neu laufen lernen. Obendrein war er hinterher ungewöhnlich aggressiv und ungeduldig, weil die extremen Belastungen psychisch kaum zu verarbeiten waren. Abgesehen davon hatte die Therapie keine dauerhafte Heilung gebracht: Innerhalb von weniger als einem Jahr kam der Krebs wieder. Ich fragte Steffen, ob er diese Tortur noch einmal mitmachen würde. Er erwiderte: »Wahrscheinlich schon, denn ich würde es nicht aushalten, den Tumor wachsen zu sehen und nichts dagegen zu tun.«

Im Gegensatz dazu war ein anderer Bekannter, der die Hochdosis-Chemotherapie vor fünf Jahren hinter sich gebracht hatte, nach wie vor tumorfrei. Er hatte die Einstellung: »Man sollte alle Möglichkeiten der Medizin in Anspruch nehmen. Der Rest liegt in Gottes Hand.«

Etwas repräsentativer als die Erfahrungen einzelner Betroffener ist gewiss die Statistik. In einem renommierten Medizinbuch fand ich folgende Aussage: Die Chancen auf eine zumindest fünf Jahre lang anhaltende Heilung liegen in meinem Fall bei etwa 30%. Allerdings trifft das nur dann zu, wenn sich der Tumor bereits nach den ersten Infusionen zurückbildet.

Diese Fakten bestätigten mein ungutes Gefühl. Was nützt es, die Quälerei einer so einschneidenden Therapie auf sich zu nehmen, wenn sie mit hoher Wahrscheinlichkeit nutzlos ist? Leider waren mir keine Alternativen zu dem Vorschlag von Professor Gallmeier bekannt.

Gibt es Alternativen zur Hochdosis-Chemotherapie?

Sollte ich es etwa wagen, nichts zu tun, die Entscheidung über Leben und Tod allein in Gottes Hand zu legen? Wäre das ein Glaubensschritt, der Gott gefällt? Oder würde ich damit gegen das Gebot in Lukas 4,12 verstoßen: »Du sollst den Herrn, deinen Gott, nicht versuchen«? Ich wollte nicht einer sein, der bis zum Hals im Wasser steckt und trotzdem mit der Hochdosis-Chemotherapie das einzige Rettungsboot vorbeifahren lässt, das Gott zur Hilfe sendet. Schließlich heilte Jesus in der Bibel insbesondere solche Menschen auf übernatürliche Weise, denen auf medizinischem Weg nicht mehr zu helfen war.

Da ich ein sehr harmoniebedürftiger Mensch bin, wäre ich am liebsten einer Meinung mit meinen Ärzten, meinen Eltern und meinen Glaubens-Geschwistern gewesen. Doch die Auffassungen waren sehr konträr. Kerstin verhielt sich vollkommen richtig, indem sie sagte: »Entscheide du – ich werde in jedem Fall hinter dir stehen!«

Um ihre Gefühle besser zu verstehen, fragte ich: »Belastet dich unsere Situation sehr?« »Ja«, erklärte sie, »die vielen offenen Fragen erdrücken mich. Da ist die Frage nach der rechten Behandlung. Du bist gegen die Hochdosis-Chemo, die Ärzte empfehlen sie. Und unsere Bekannten reden uns ins Gewissen, auf die Ärzte zu hören, reale Heilungschancen nicht zu verschenken. Da ist die Frage nach unserer Zukunft. Ich habe Angst vor einem jahrelangen Auf und Ab – vor der Situation, in drei Jahren womöglich immer noch nicht zu wissen, ob du gesund wirst oder stirbst. Es fällt mir schwer, mit dieser Ungewissheit zu leben.«

Persönlich war ich fürchterlich hin- und hergerissen, weil es keine befriedigende Lösung gab. Zur Hochdosis-Chemotherapie fand ich einfach kein »Ja«, obwohl ich immer wieder betete: »Herr Jesus, bitte verändere meine Einstellung zu dieser Behandlung, falls ich diesen Weg gehen soll!« Und zu der Möglichkeit, entgegen allen ärztlichen und freundschaftlichen Empfehlungen nichts zu tun, fehlte mir der Mut. Abgesehen davon wollte ich gerne weiterleben.

Wie froh waren Kerstin und ich, dass Gott mir aus meiner Entscheidungs-Zwickmühle heraushalf. Bald bekam ich im Anschluss an eine Gebetsstunde von drei Christen den Hinweis: »Übrigens ist schon mancher Krebskranke durch eine radikale Ernährungsumstellung gesund geworden!« Für den nachfolgenden Sonntag arrangierten Dieter und Susanne Herrmann, ein befreundetes Ehepaar aus der Gemeinde, für uns ein Treffen mit ihren Bekannten Hans und Marlene. Marlene hatte nach ihrer Brustkrebs-Operation die von den Ärzten empfohlene Chemo- und Bestrahlungstherapie abgelehnt und sich stattdessen sehr konsequent gesund ernährt. Nun war sie schon seit Jahren tumorfrei. Von den beiden erhielten wir umfassende Informationen zur so genannten »Gerson-Therapie« – einer Behandlungs-Methode, von der Kerstin und ich schnell überzeugt waren.

[14] Erfahrungen mit der Alternativmedizin

Natürlich wussten wir, dass es auf dem Gebiet der Alternativmedizin viele Scharlatane gibt. Aber diese Behandlung schien uns eine vernünftige Alternative zur Chemotherapie zu sein. Zum einen zieht einem dabei kein Heilpraktiker das Geld aus der Tasche. Zum anderen belegen Recherchen von Dr. Lechner aus Österreich, dass dieses Naturheilverfahren 1000-fach erprobt ist und bereits unerwartete Erfolge erzielt hat. Entwickelt wurde es in den dreißiger Jahren des vorigen Jahrhunderts von dem deutschen Arzt Dr. Max Gerson. Dahinter verbirgt sich folgende Sichtweise: Wir nehmen durch Umwelteinflüsse und durch fehlerhafte Ernährung permanent Schadstoffe in unseren Körper auf. Diese Schadstoffe sind wesentlich für das Entstehen von Krebs mitverantwortlich. Um diese Krankheit zu bekämpfen, sind deshalb eine Entgiftung sowie eine Stärkung des körpereigenen Immunsystems notwendig. Dies geschieht primär durch eine grundlegende Ernährungsumstellung.

Während eines vierwöchigen Aufenthaltes in der BioMed-Klinik in Bad Bergzabern im Juni 1998 wurde ich in meinem Vorhaben bekräftigt. Der dortige Chefarzt Dr. Hager berücksichtigt in seinem Krankenhaus neben schulmedizinischem Wissen auch Erkenntnisse aus der biologischen Krebsabwehr und der Naturheilkunde. Er hielt die Gerson-Therapie für unbedenklich und durchaus empfehlenswert.

Frau Dr. Rappard, eine Ärztin aus Heidelberg, war dazu bereit, mich bei der Behandlung beratend zu unterstützen. Sie hatte bereits Erfahrungen gesammelt mit einer Patientin, die wie ich Morbus Hodgkin hatte, jedoch in einem deutlich weiter fortgeschrittenen Stadium. Dank der Behandlung nach Dr. Max Gerson sei sie vollkommen gesund geworden. »Um Erfolg zu haben, müssen Sie allerdings die Anweisungen des Therapieplanes strengstens einhalten«, sagte Frau Dr. Rappard.

Damit konnte ich mich anfreunden. Nun war ich nicht mehr ohnmächtig den Ärzten ausgeliefert wie bei einer Chemotherapie, sondern selbst für die Durchführung der Behandlung und damit auch für deren Erfolg verantwortlich. Meine Kämpfernatur sah in der Gerson-Therapie eine Herausforderung: Zwei Jahre lang sollte ich auf jegliche Genussmittel wie Süßigkeiten oder Alkohol verzichten, ebenso auf Fleisch, Eier, Fisch, Salz, Weißmehl und Weißzucker. Sogar das Verwenden von Rasierwasser oder von parfümiertem Shampoo war verboten. Zwei Jahre lang nicht mehr Essen gehen, keine Fertigprodukte mehr verzehren, mir keine Ausnahmen von dem strengen Diätplan erlauben, keine Vereinfachungen einführen. Zwei Jahre lang müsste ich etwa 40 Stunden pro Woche investieren – so hoch ist der Arbeitsaufwand.

Das hatte Konsequenzen: Ich war nicht mehr in der Lage, meinen Beruf auszuüben. Dadurch ließ ich mich jedoch nicht abschrecken. Schließlich hätte ich auch während einer Hochdosis-Chemo nicht arbeiten können. Ich war todkrank und hatte vor allem das Ziel, gesund zu werden. Kerstin und ich waren hoch motiviert und überzeugt, dass Gott diese Therapie benutzen würde, um mich zu heilen.

Ein von der Therapie diktierter Tagesplan

Ohne diese Zuversicht hätte ich den gefüllten Tagesplan wahrscheinlich nicht lange durchgehalten: Morgens ging es bereits um 7.30 Uhr an die Arbeit, um das Frühstück zuzubereiten. Um 8.00 Uhr saß ich am Tisch, um einen Haferflockenbrei mit Trockenfrüchten und frischem Obst zusammen mit einem Glas frisch gepresstem Orangensaft zu verzehren.

Die Behandlung nach Dr. Gerson sieht täglich mindestens vier »Kaffee-Einläufe« vor, um die Schadstoffausscheidung zu beschleunigen. Der erste Einlauf stand nach dem Frühstück an: Ich legte mich auf eine Matte und drehte mich in die Seitenlage. Über einen Schlauch leitete ich nun Kaffee aus einem Behälter in den Darm. Erst nach längerer Übung schaffte ich es, die Flüssigkeit wie vorgeschrieben vor der Entleerung auf der Toilette 15 bis 20 Minuten im Darm zu halten.

Nach dieser ziemlich demütigenden Prozedur blieb wenig Verschnaufpause. Immerhin hatte ich über den Tag verteilt vier frische, unangenehm schmeckende Apfel-Salat-Säfte und vier Apfel-Karotten-Säfte zu trinken. Das hieß konkret: Alle ein bis zwei Stunden standen Kerstin oder ich in der Küche, wuschen Gemüse, Obst, Salat, Keimlinge und Kresse, um sie anschließend durch den Entsafter zu pressen.

Zwischendurch fuhr ich zu meinem Bioladen, wo ich ein gern gesehener Kunde war, der einen besonderen Service und Rabatte genoss. Kein Wunder, denn ich kaufte dort zwei- bis dreimal pro Woche einige Paletten Salat, Gemüse und Obst aus kontrolliert biologischem Anbau.

Schnell war der Vormittag vergangen. Zeit zum Mittagessen, das aus zwei Gängen bestand: Als Vorspeise gab es einen Salatteller. Und die Hauptmahlzeit setzte sich abwechselnd aus gekochten Kartoffeln, Hirse oder Buchweizen mit gedünstetem Gemüse zusammen.

Mittags ruhte ich ein wenig, bevor es ähnlich weiterging wie vormittags: Kaffee-Einläufe, Säfte pressen und zwischendurch kurze Spaziergänge, Arztbesuche oder Telefonate mit Freunden, die sich nach meinem Befinden erkundigten.

Bei aller Arbeit und dem auf Dauer eintönigen Geschmack der Mahlzeiten war ich froh, von den erlaubten Nahrungsmitteln beliebig viel essen zu dürfen. Schwer fiel mir dagegen, keinen einzigen Tag »normal« leben zu können. Es gab keinen Ruhetag, keinen einzigen Tag, der nicht von der Therapie diktiert war.

Anstatt so viel mit meiner Kur beschäftigt zu sein, hätte ich lieber gearbeitet oder intensiver in der Gemeinde mitgewirkt. Zur Ermunterung machte ich mir bewusst, dass mich all der Aufwand vor einer Hochdosis-Chemotherapie verschonte. Die Gerson-Therapie ermöglichte mir, morgens ohne Schmerzen, ohne

Übelkeit aufzustehen, mich körperlich wohl zu fühlen. Außerdem hatte Gott mich bewusst auf diesen Weg geführt. Vielleicht sollte ich Geduld lernen. Jedenfalls war die investierte Zeit gewiss nicht verloren.

[15] Hochzeit und Tiefzeit

Was mir beim Bewältigen meiner Krankheit und beim Durchführen der Behandlung enorm half, war die Gewissheit, dass Kerstin hinter mir stand. Wann immer sie bei mir zu Besuch war, half sie fleißig beim Säftepressen, Kochen und Putzen. Der gemeinsame Kampf gegen den Krebs schweißte uns immer mehr zusammen. So war es keine Überraschung, als Kerstin laut über unsere Hochzeit nachdachte: »Was spricht eigentlich dagegen, bald zu heiraten? Trennen werde ich mich ohnehin nicht von dir, nur weil du krank bist. Und wenn wir bald verheiratet wären, könnte ich dir besser bei der Gerson-Therapie helfen.«

Einen krebskranken Mann heiraten?

Ich war bezüglich einer Eheschließung zunächst vorsichtiger. Zwar gab es für mich nichts Schöneres als die Vorstellung, Kerstin möglichst bald zu heiraten. Aber ich dachte: »Obwohl Kerstin in mich verliebt ist – für sie wäre es ein großes Opfer. Sie müsste mit mancher Unsicherheit zurechtkommen: Kann ich jemals Kinder bekommen oder ist mein Mann aufgrund der erfolgten Chemotherapie und der Bestrahlung unfruchtbar? Wird er wieder gesund oder greift der Tumor weiter um sich? Muss ich ihn womöglich bald pflegen? Kann ich auf Luxus verzichten, falls er weiterhin erwerbsunfähig ist? Komme ich damit zurecht, selbst arbeiten zu müssen, um zum Familieneinkommen beizutragen? Verkrafte ich es, im schlimmsten Fall bald Witwe zu werden?« Ich fragte mich, ob ich Kerstin eine so unsichere Zukunft zumuten kann oder ob es besser wäre, zu warten – zumindest bis absehbar ist, ob ich wieder gesund werde.

In der Tat hatte Kerstin immer wieder Zweifel, ob sie mit diesen Unsicherheiten leben könne. Phasenweise kam ihr sogar der Gedanke: »Vielleicht ist Nobby wieder an Krebs erkrankt, weil unsere Beziehung nicht von Gott gewollt ist – sozusagen als Strafe.« Doch sie ging vorbildlich mit diesen Zweifeln um, indem sie betete: »Ich werde Nobby nur dann heiraten, wenn es dein Wille ist. Falls du mir grünes Licht zu einer Ehe mit ihm gibst, erwarte ich, dass du mir die Kraft und die Nerven schenkst, nicht an den Belastungen der Krankheit zugrunde zu gehen.«

Viel gemeinsames Gebet, offene Aussprachen miteinander, eine nüchterne Gegenüberstellung von Pro und Contra sowie seelsorgerliche Gespräche ermutigten uns letztlich dazu, unsere Hochzeitsplanung in Angriff zu nehmen.

Hochzeits-Vorbereitungen

Der Gedanke einer baldigen Heirat beflügelte uns beide. Voller Begeisterung planten wir zusammen unsere Zukunft: Kerstin wollte ihre Arbeitszeit nach der Hochzeit auf eine halbe Stelle reduzieren. Finanziell würden wir trotzdem über die Runden kommen und sie hätte mehr Zeit, sich in die Gemeindearbeit einzubringen und mir behilflich zu sein. Das Versprechen gegenüber Gott »wenn du Gesundheit schenkst, gehen wir in den vollzeitigen Dienst für dich« veranlasste uns sogar zu der Überlegung, nach dem ersten Jahr Gerson-Therapie eine Ausbildung an einer Bibelschule zu absolvieren. Oder sollte ich vorher meine Doktorarbeit fertig schreiben? Was hatte Gott langfristig mit uns vor? Solche Fragen bewegten mich sehr, doch jetzt stand zuerst unser großes Fest auf dem Programm.

Als Trautext wählten wir Matthäus 6,33-34a: »Gebt nur Gott und seiner Sache den ersten Platz in eurem Leben, so wird er euch auch alles geben, was ihr nötig habt. Deshalb habt keine Angst vor der Zukunft!« Genau in dieser Haltung wollten wir unser gemeinsames Leben gestalten. Jesus Christus zu gehorchen, für ihn zu arbeiten war unsere Absicht. Seine Interessen wollten wir vor unsere eigenen Wünsche stellen. Seiner liebevollen Fürsorge wollten wir vertrauen, anstatt uns von Zukunftssorgen zermürben zu lassen.

Anfangs hatten wir vor, unsere Hochzeit aufgrund meiner Erkrankung nur im kleinen Rahmen zu feiern – allein mit unseren Eltern und Geschwistern. Doch dann dachten wir an unseren Trautext. Es gab keinen Grund, Trübsal zu blasen. Wir freuten uns über unser Glück und wollten andere daran teilhaben lassen. So planten wir eine große Feier, die am 18. September 1998 in Kerstins Heimatort Neunkirchen im Siegerland stattfinden sollte.

Vorher stand jedoch noch eine wichtige Röntgenuntersuchung an. Es ging um die Frage, ob die Gerson-Therapie bislang erfolgreich war oder eher nutzlos. Meine Beziehung zu Gott war zu der Zeit so gut, dass ich nicht nervös war, obwohl mir die schlechter gewordenen Blutwerte Anlass dazu hätten geben können. Ursache für meine innere Ruhe war gewiss das tägliche, intensive Studium von Gottes Wort. Um mich dabei besser konzentrieren zu können, formulierte ich meine Gedanken und Gebete jeden Morgen schriftlich.

Wie dankbar war ich, als der zuständige Radiologe sagte: »Im Vergleich zur letzten Röntgenaufnahme sind die befallenen Lymphknoten kleiner geworden. Der Tumor ist jedoch immer noch sichtbar.« Ich nahm das positive Ergebnis als Hinweis an, mit der Gerson-Therapie auf dem richtigen Weg zu sein. Leider verschlechterten sich nach dieser Kontrollaufnahme meine Blutwerte weiter. Doch Kerstin und ich waren mit unseren Hochzeitsvorbereitungen beschäftigt und machten uns diesbezüglich kaum Sorgen.

Das Hochzeits-Fest

Der Tag unserer Hochzeit war traumhaft. Kerstin sah in ihrem Brautkleid wunderschön aus. Auch charakterlich, überhaupt in jeder Hinsicht gefiel sie mir unbeschreiblich gut. Ich war unsagbar stolz, ihr Mann werden zu dürfen.

Nach der standesamtlichen Trauung überraschten uns ehemalige Studienfreunde von mir. Als wir aus dem Standesamt kamen, versperrten sie uns den Weg mit einem auf Stoff aufgemalten Herz in Menschengröße. Kerstin und ich sollten das Kunstwerk um die Wette von zwei Seiten mit Nagelscheren ausschneiden. Parallel dazu spielten sie einige Stücke auf ihren Trompeten. Anschließend war Empfang. Wir waren überwältigt, wie viele Freunde, Verwandte und Bekannte sich auf den Weg gemacht hatten, um uns zu gratulieren.

Am frühen Nachmittag hatten wir eine kleine Verschnaufpause. Ich nutzte die Zeit, um einen frisch gepressten Saft zu trinken,

Gemüse zu essen und einen Kaffee-Einlauf zu machen. Selbst an meiner Hochzeit durfte ich mir keine Ausnahme von dem strengen Diätplan nach Dr. Gerson genehmigen, was viel Disziplin erforderte.

Einer der Höhepunkte unseres großen Tages war der von uns individuell geplante Traugottesdienst mit einem Klavierstück, Chorliedern und der Predigt von Wilfried Plock über unser Lebensmotto »Gebt Gott und seiner Sache den ersten Platz ...« Überrascht waren wir, als ein ganzer Schwung Kinder aus der von Kerstin mitgestalteten Kinderstunde hereinkam, um uns ein Lied zu singen. Kerstin bekam von jedem Kind eine Rose überreicht. Ich dagegen bekam eine Ermahnung: »Du musst Kerstin ganz lieb behandeln, sonst bekommst du es mit uns zu tun!«

Abends ging die Feier in einem Siegener Restaurant weiter. Unser »Entertaining-Team« Stephan und Steve führte uns durch das gefüllte Programm. Wir waren begeistert davon, was unsere Freunde auf die Beine gestellt hatten, um uns eine Freude zu bereiten: Witzige Sketche mit Szenen aus unserem Leben, Liedbeiträge, Ansprachen, Spiele, mit Musik unterlegte Diashows – eine gelungene Mischung aus ernsten und lustigen Beiträgen. Auch Kerstin und ich hatten uns vorbereitet: Wir erzählten abwechselnd über die verschiedenen Abschnitte unseres Lebens von der Kindheit bis jetzt und zeigten Dias dazu. Damit wollten wir bezeugen: Jesus Christus spielt die zentrale Rolle in unserem Leben. Zusammen mit unseren 120 Abendgästen genossen wir es, dass die Atmosphäre trotz unserer widrigen Lebensumstände heiter und gelöst war. Noch lange danach zehrten wir von den vielen schönen Eindrücken!

Die Hochzeits-Reise

Unsere anschließende Hochzeitsreise nach Scharbeutz an der Ostsee war »ungewöhnlich«: Unser VW Golf war bis unter das Dach gefüllt mit Obst, Gemüse und Küchengeräten. Auch an diesen Tagen galt es, die Gerson-Therapie fortzusetzen. Deshalb verbrachten wir – ähnlich wie vorher zu Hause – fast den ganzen Tag in der Küche unserer Ferienwohnung. Für längere Ausflüge blieb kaum Spielraum.

Unsere einmalige Fahrt nach Lübeck kam einem Abenteuer

gleich: Wir hatten das Mittagessen und genügend Karotten-Apfel-Saft vorbereitet. Während unserer Stadtbesichtigung mussten wir mehrmals Halt machen, damit ich meine Säfte trinken konnte. Mittags kehrten wir in ein Restaurant ein. So kam Kerstin in den Genuss, endlich mal wieder ein Stück Fleisch statt des täglichen Gemüsetellers zu sich zu nehmen. Für mich war die gesamte Speisekarte tabu. Deshalb bat ich die Bedienung, meinen mitgebrachten Salat aus biologischem Anbau zu servieren. Wir fanden es klasse, dass sie sich darauf einließ und ließen uns unser Essen schmecken wie selten zuvor.

Furcht vor einer »Tiefzeit«

Zurück in Mannheim ging es sofort an die Arbeit: Für das ZEW sollte ich Ende Oktober 1998 bei einem Seminar für Fach- und Führungskräfte als Referent mitwirken. Ich ließ mich für einen Monat gesundschreiben, um mich darauf vorzubereiten. Mein Chef Michael erlaubte mir, zu Hause zu arbeiten. Da Kerstin nur halbtags beschäftigt war, konnte sie mir einen Großteil der Küchenarbeiten im Zusammenhang mit meiner Behandlung abnehmen. Dennoch war es eine belastende Zeit. Meine Blutwerte verschlechterten sich weiter. Als Folge davon nahm meine Leistungsfähigkeit ab. Das Seminar konnte ich mit letzter Kraft noch erfolgreich durchstehen. Danach war ich völlig erschöpft.

Meinen körperlichen Zustand vor Augen hatte ich dieses Mal Angst vor der anstehenden Kontrolluntersuchung – ein ungutes Gefühl, das sich schließlich bestätigte: Die Computertomographie machte deutlich, dass zusätzlich zu dem Tumor im Brustraum erstmals auch im Bauchraum Lymphknoten befallen waren.

War die Gerson-Therapie etwa doch nicht der in Psalm 16 verheißene »Weg, der zum Leben führt«? Oder war der Rückschlag auf meine berufliche Belastung in den letzten Wochen zurückzuführen? Was jetzt? Kerstin und ich entschlossen uns, die Behandlung künftig noch intensiver zu betreiben. Gleichzeitig verschrieb ich mir Ruhe. Falls sich nach sechs bis acht Wochen die Blutwerte trotzdem nicht bessern, wollten wir über andere Möglichkeiten nachdenken.

Um uns zu helfen, rief Mitte Dezember 1998 Wilfried Plock

alle Mitglieder unserer Gemeinde dazu auf, am Samstag auf das Abendessen zu verzichten und stattdessen zu einem Gebetstreffen zu kommen – speziell für Kerstin und mich. Er hatte kleine Zettel mit biblischen Verheißungen vorbereitet, von denen jeder einige bekam mit der Bitte, die abgedruckte Bibelstelle vorzulesen und auf Basis dieses göttlichen Versprechens zu beten. Ich war überwältigt und beschämt, dass so viele Glieder unserer Gemeinde so intensiv und inbrünstig vor Gott für uns eintraten. Welche Liebe und welcher Glaube war aus den Gebeten herauszuhören! Die meisten flehten für eine Heilung, allerdings mit dem Zusatz: »Nicht unser, sondern dein Wille geschehe!« Kerstin und ich gingen fröhlich, mit einem tiefen Frieden im Herzen, im Glauben gestärkt nach Hause. Ähnlich ging es den Betern: Auch für sie war der Zusammenhalt und die Einigkeit im Gebet eine bereichernde Erfahrung.

[16] Bitter enttäuscht

Trotz der erwartungsvollen Gebete ging es mir im Laufe der Zeit immer schlechter. Ich wachte zunächst einmal, später bis zu viermal pro Nacht schweißüberströmt auf: Wasser floss von meinen Haaren herab in die Augen und Ohren. Als ich das Bett verließ, fror ich und fühlte mich innerlich ausgetrocknet. Zitternd schleppte ich mich ins Bad, um meinen tropfend nassen Schlafanzug zu wechseln. Jetzt schnell etwas trinken, ein trockenes Handtuch auf das nasse Kopfkissen und die Bettlaken legen, die feucht gewordene Bettdecke austauschen und den ausgekühlten Körper wieder aufwärmen. Recht schnell schlief ich ein, doch nicht lange. Bereits eine Stunde später begann das gleiche Spiel von vorne. Diesmal musste das Bett neu bezogen werden. Beim dritten Schlafanzugwechsel flehte ich zu Gott: »Bitte mach diesem Elend ein Ende, lass mich nicht völlig austrocknen!«

Nach solch einer Nacht war ich morgens kaputter als am Abend zuvor. Der Kreislauf war völlig am Boden. Kopfschmerzen plagten mich. Ich duschte und versuchte, so viel wie möglich zu trinken, um zumindest einen Teil des Flüssigkeitsverlustes auszugleichen. Hunger hatte ich keinen, musste aber etwas essen, um wieder zu Kräften zu kommen.

Erschöpft schleppte ich mich durch den Tag. Sogar gewohnte Tätigkeiten wie Säfte pressen oder Fahrrad fahren strengten mich an. Aufgrund meiner körperlichen Schwäche war ich anfälliger für Infektionen. Ich fing mir eine Bronchitis ein – kombiniert mit Fieber über 40 Grad! Da Wadenwickel und andere schonende Methoden nichts halfen, musste ich erstmals gegen die Vorschriften der Gerson-Therapie verstoßen und fiebersenkende Arzneimittel einnehmen. Als das Fieber endlich besiegt war, traten fast jeden Abend starke Schmerzen im Rücken und im Becken auf. So etwas Schreckliches hatte ich bisher nie erlebt.

Mein Orthopäde konnte am Röntgenbild keine Auffälligkeiten feststellen. Er verschrieb mir Schmerzmittel, die Gott sei Dank bei den regelmäßig auftretenden Schmerzattacken relativ schnell wirkten. Auch Wärme half gegen die Schmerzen. Kerstin versorgte mich aus diesem Grund mit heißen Wärmflaschen, die ich auf meinen gequälten Rücken legte.

Was hatte Gott mit uns vor? Mit großer Unsicherheit ging ich in das Jahr 1999. Wird es noch mehr Leid mit sich bringen als 1998? Was kommt auf mich zu? Neue Untersuchungen brachten erschreckende Resultate: »Die Lymphknoten zwischen Ihren Lungenflügeln sind weiter gewachsen. Zusätzlich haben wir neue Krebsherde entdeckt – in der Leber, in der Leiste und in der Nähe der Bauchspeicheldrüse.« Für meine Ärzte war klar: »Es hat keinen Zweck, die Behandlung nach Dr. Gerson weiter fortzusetzen.«

Nun war ich in einer ähnlichen Situation wie vor knapp einem Jahr – nach Feststellung des Rezidives: Wieder war ich einer von jenen Pechvögeln, bei denen eine sonst recht erfolgreiche Therapie keine Heilung brachte. Die Gerson-Therapie hatte mich eher geschwächt, als mir nachhaltig zu helfen. Und das, obwohl – so mein Eindruck – die halbe Welt für meine Genesung gebetet hatte.

Kerstins Reaktion auf die Schreckensnachricht

Bitter enttäuscht, deprimiert und aufgerieben von den schlechten Nachrichten gingen Kerstin und ich am Tag nach Erhalt der Schreckensnachricht zum Pizzaessen in unser Lieblingsrestaurant. Wir wollten bei angenehmem Ambiente in Ruhe über unsere unangenehme Lage nachdenken. »Wie verarbeitetest du das Scheitern der Behandlung?«, fragte ich Kerstin. »Gestern brauchte ich zuerst eine gewisse Zeit für mich alleine. Deshalb zog ich mich zurück und weinte.« Ich hakte nach: »Und was dachtest du dabei?« »Ich ließ meinen Gedanken freien Lauf. Dabei kamen mir die verschiedensten Umstände in den Sinn, die in Zukunft eintreten könnten. Das ging so weit, dass ich mir ausmalte, was bei deinem Tod wäre.«

Ich schluckte. »Meine Ängste sind ziemlich diffus. Beispielsweise stelle ich mir vor, auf deiner Beerdigung nicht weinen zu können. Oder ich sehe mich allein in unserer Wohnung. Da liegen deine Kleider, deine Bücher und all die anderen Dinge von dir. Aber du bist nicht da … Solche Gedanken liegen bleischwer auf meiner Seele.« »Das glaube ich!«, erwiderte ich, selbst betrübt von dieser Vorstellung.

»Und was tröstet dich, nachdem du dich ausgeweint hast?« »Ausgiebig mit dir oder einer guten Freundin über alles zu reden. Bestimmt hilft auch Ablenkung. Begegnungen mit weniger vertrauten Personen würden mich momentan dagegen eher belasten.«

»Liest du zur Zeit besonders viel in der Bibel?«, wollte ich wissen. »Nein, aber tief in meinem Herzen sitzt eine Art Urvertrauen in Gottes Führungen. Ich bin zutiefst überzeugt, dass er keine Fehler macht.« »Bei mir ist das anders!«, erklärte ich. »Mir schossen gestern viele Fragen durch den Kopf, auf die ich eine Antwort suche: Habe ich das Leid gepachtet? Warum schlägt die Kur, die ich als Gottes Weg für mich erkannte, nicht an? Habe ich etwas falsch gemacht – mich etwa zu sehr auf die Gerson-Therapie verlassen, zu wenig auf Jesus Christus? Lebe ich zu viel aus eigener Kraft und schließe damit Gottes Wirken aus?«

Mögliche Gründe für das erneute Scheitern

In der Tat habe ich in meinem Leben viel durch Willen und Entschlossenheit erreicht. Vermutlich hätte ich mir im Falle einer Heilung selbst auf die Schulter geklopft – nach dem Motto: »Weil ich die Disziplin aufbrachte, diese harte Behandlung durchzuhalten, bin ich nun gesund. Das hätte nicht jeder geschafft!« Wie sehr strebte ich nach der Anerkennung von Menschen, wollte besser sein als andere, irgendwie herausragen aus der Masse, den größeren Glauben haben, bewundert werden. Wie wenig ging es mir um Gottes Ehre!

Welche Gnade, dass Jesus Christus solch einen egoistischen, stolzen, anerkennungssüchtigen Menschen wie mich liebt! Er liebt mich so sehr, dass er dabei war, mein ICH zu entthronen, den Nobby, der sein Leben selbst in die Hand nimmt. Meine Oma sagte oft: »An Gottes Segen ist alles gelegen!« Sie hatte Recht. Erfolg oder Misserfolg, Glück oder Unglück, Leben oder Tod … alles hängt von ihm ab.

Vielleicht wollte Gott mich vor Stolz bewahren. Vielleicht sollte ich spüren, wie sehr ich von ihm abhängig bin. Vielleicht hatte er auch ganz andere Gründe. Jedenfalls war ich mir sicher: Gott wusste, warum er mich im Kampf gegen den Krebs erneut scheitern ließ. Nur, was erwartete er jetzt von mir?

Loslassen

Ich brauchte Hilfe von außen. So traf ich mich mit acht Christen, um über meine Situation zu reden. Kurz gesagt hieß ihr Rat: »Du musst loslassen! Loslassen von deiner Doktorarbeit, deinem Berufsziel und von deinen Vorstellungen, wie das Leben laufen sollte – sogar von deinem eigenen Leben. Du musst akzeptieren, dass dein Leben nicht planbar ist. Es kann sein, dass Gott dich heilt und du doch noch Professor an der Fachhochschule wirst. Es kann sein, dass du eines Tages vollzeitig für Gott arbeitest. Es kann aber auch sein, dass du an Krebs stirbst. Lass dich in Gottes Arme fallen. Warte ab, was er tut.«

Sie hatten Recht! Ich beschloss, meine Doktorarbeit aufzugeben. Schließlich würde eine Fertigstellung noch viel Energie und Zeit erfordern. Und bei meinem momentanen Gesundheitszustand war die Chance gering, dieses Forschungsprojekt erfolgreich abzuschließen. Klüger schien mir, meine beschränkte Kraft dafür zu nutzen, verstärkt in der Gemeinde mitzuarbeiten. Das würde »Frucht für die Ewigkeit« bringen. Ein Doktortitel auf meinem Grabstein dagegen würde mir nichts nützen! Trotz dieser Einsicht fiel es mir schwer, meine Promotion an den Nagel zu hängen. Wie viel Mühe hatte ich schon investiert, wie zielstrebig hatte ich daran gearbeitet! Und nun musste ich mir eingestehen: »Der Traum ist ausgeträumt. Das begehrte Ziel ist mir entwichen. Alle Anstrengungen, alle Entbehrungen waren vergeblich.«

[17] Nicht mein, sondern dein Wille geschehe

Künftig wollte ich mich nicht länger an meine eigenen Pläne klammern, sondern gelassen das annehmen, was Jesus Christus für mich vorbereitet hat. Selbstverständlich betete ich weiter für die Heilung meiner Krankheit. Das war es, was ich mir von ganzem Herzen wünschte. Alles andere wäre unnatürlich in meiner Situation als glücklich verheirateter junger Mann. Doch ich wollte Gott nie wieder zu etwas drängen, seitdem ich die von Spurgeon erzählte Geschichte von einer Frau gelesen hatte, deren Sohn krank war:

Ihr Junge war dem Tod nahe, als sie einen Pfarrer bat, er möge um sein Leben beten. Der Pfarrer betete inbrünstig, aber er fügte hinzu: »Wenn es dein Wille ist, rette dieses Kind.« Die Frau sagte: »Ich kann das nicht ertragen. Ich will, dass Sie beten, dass das Kind leben soll, ohne Wenn und Aber.« Der Pfarrer antwortete der Frau: »Es könnte sein, dass du den Tag verwünschst, an dem du deinen Willen gegen Gottes Willen setztest.« Zwanzig Jahre später wurde sie ohnmächtig von dem Galgen weggetragen, an dem dieser Sohn als Schwerverbrecher erhängt wurde. Sie hatte zwar gesehen, wie ihr Kind zu einem Mann heranwuchs. Jedoch wäre es unendlich viel besser für sie und für ihren Sohn gewesen, wenn das Kind gestorben wäre. Sie hätte die Entscheidung Gott überlassen sollen.

Solch einen Fehler wollte ich vermeiden! Deshalb identifizierte ich mich mit dem Gebet von Blaise Pascal, einem französischen Gelehrten und Philosophen: »Ich bitte weder um Gesundheit noch um Krankheit, weder um Leben noch um Tod, sondern darum, dass du über meine Gesundheit und Krankheit, über mein Leben und meinen Tod verfügst zu deiner Ehre und zu meinem Heil. Du allein weißt, was mir dienlich ist. Du bist der Herr, tue, was du willst. Gib mir, nimm mir! Herr, ich weiß, dass ich nur eines weiß: Es ist mir gut, dir zu folgen.«

Ähnlich betete Jesus Christus im Garten Gethsemane – kurz vor seiner Kreuzigung (Mt 26,39): »Mein Vater, wenn es möglich ist, so gehe dieser Kelch an mir vorüber! Doch nicht wie ich will, sondern wie du willst.« So wie ich Angst hatte, hatte auch Jesus Angst, weil er wusste: »In ein paar Stunden werde ich angespuckt, geschlagen, mit Dornen gekrönt und an das Kreuz genagelt.«

Deswegen rang er mit seinem Vater: »Gibt es nicht einen anderen Weg, um gottlose Sünder zu retten? Gibt es denn keine Möglichkeit, das Kreuz zu umgehen?« Doch obwohl er unsagbare Angst hatte, fügte er hinzu: »Nicht mein Wille, sondern dein Wille geschehe.« Unser ewiges Glück war ihm wichtiger als sein eigenes Wohl. Ich flehte zu Gott: »Schenke auch mir diese übernatürliche Liebe, die deinen Willen und das Wohl anderer Menschen über meinen eigenen Willen und mein eigenes Wohl stellt!«

Freiwilliges und unfreiwilliges Leid

Als ich die Kreuzigung Jesu mit meiner Situation verglich, kam mir mein eigenes Leid plötzlich lächerlich vor: Während ich immer wieder ermutigt wurde von Kerstin, von Freunden oder von Verwandten, war Jesus Christus in seinem Elend allein gelassen. Selbst ein Großteil seiner Jünger verließ ihn. Während ich spüren durfte, dass Gott mir besonders nahe ist, wenn es mir körperlich schlecht geht, schrie Jesus am Kreuz: »Mein Gott, mein Gott, warum hast du mich verlassen?« Während ich als ohnmächtiger Mensch an meiner Situation nichts ändern konnte, war Jesus Christus als allmächtiger Gott sehr wohl in der Lage dazu.

Mich fragte Gott nie, ob ich Krebs bekommen möchte. Mein Leid war unfreiwillig. Jesu Leid dagegen war freiwillig. Er hätte nie auf diese Erde kommen müssen, um für uns Sünder zu leben und zu sterben. Er hätte vor der Kreuzigung fliehen können. Er hätte sogar vom Kreuz heruntersteigen können. An seiner Stelle hätte ich sicherlich genau das getan, weil ich meine Reaktion auf starke körperliche Qualen kenne: Schmerzen rauben mir den Verstand. Ich werde unberechenbar, vergesse alle guten Vorsätze, bin zu fast allem bereit, nur um Linderung zu erfahren – selbst wenn es meinen Prinzipien und Zielen entgegensteht. Nicht so Jesus Christus: Seine Liebe war stärker als der größte Schmerz. Selbst in der schlimmsten Not verlor er sein Ziel nicht aus den Augen – stellvertretend für Sünder wie mich zu sterben.

Trotz allem Trost, den mir Gottes Wort nach dem erfolglosen Abbruch der Gerson-Therapie gab, standen Kerstin und ich immer noch ratlos vor der Frage, wie es konkret weitergehen sollte. Meine Ärzte wiesen mich darauf hin, dass dringend etwas passieren müsse.

Eines war klar: Auf eine andere Ernährungstherapie wollte ich mich vorerst nicht einlassen. Gemüse, Kartoffeln, Getreide und Salatsäfte hingen mir nach einem halben Jahr Gerson-Diät regelrecht zum Hals heraus. »Gesunde Ernährung ja, aber ohne Krampf«, war meine neue Devise. Wenn ich künftig mal Heißhunger auf ein Schnitzel oder auf Süßigkeiten haben sollte, würde ich mir diesen Genuss nicht verwehren.

Auf der Suche nach Orientierung entschied ich mich im Februar 1999 zu einem zweiten Aufenthalt in der BioMed-Klinik in Bad Bergzabern. Die Behandlungsmethoden glichen jenen im Jahr zuvor: Hyperthermie, bei der das Tumorgewebe lokal auf über 40 Grad erwärmt wird, Fiebertherapie, bei der künstlich Fieber erzeugt wird, Misteltherapie sowie die Einnahme von Vitaminen, Enzymen, Selen, Mineralien und anderen Mitteln zur Stärkung des Immunsystems. Allerdings war mir bewusst, dass dadurch der Tumor bestenfalls in Schach gehalten, keinesfalls besiegt werden kann.

[18] Die Krebspersönlichkeit

Aus Neugierde machte ich während meines Krankenhaus-Aufenthaltes erstmals von dem Angebot einer psychologischen Betreuung Gebrauch. Darüber hinaus las ich entsprechende Bücher, beispielsweise »Krankheit als Sprache der Seele« von dem Psychotherapeuten Ruediger Dahlke. Dahlke spricht von der »Krebspersönlichkeit« – ein Begriff, der in der Psychologie weit verbreitet zu sein scheint. Danach erkranken vorwiegend Menschen mit folgenden Charaktermerkmalen an Krebs: Sie leben so angepasst wie möglich, haben in vielen Bereichen keine eigene Meinung und wollen niemandem durch eigene Forderungen zur Last fallen. Sie halten sich eher zurück, als sich vorzudrängen, sie schlucken Ärger eher hinunter, statt loszuschreien. Dadurch werden sie von ihrer Umwelt als gut berechenbar, duldsam und friedlich empfunden. Der typische Tumorpatient ist introvertiert, zuverlässig, ordentlich, selbstlos und opferbereit. Kurzum: Krebs ist die Krankheit der netten Menschen, der stillen Dulder.

Zunächst war ich etwas schockiert, weil ich charakterlich der typischen »Krebspersönlichkeit« sehr ähnlich bin. Aus Persönlichkeits-Seminaren und eigenen Beobachtungen weiß ich: Ich kann nur schwer »nein« sagen und habe wenig Mut, andere zu kritisieren. Ich bin harmoniebedürftig, nicht entscheidungsfreudig, eher zu perfektionistisch und zu gutmütig. Auf meine Mitmenschen wirke ich ruhig und angenehm.

Was mich dagegen von der »Krebspersönlichkeit« unterscheidet ist der Mut, etwas zu wagen. Ohne eine gewisse Courage hätte ich beispielsweise meinen sicheren Arbeitsplatz in der Bank nicht gekündigt, nur um mich weiterzubilden. Abgesehen davon bin ich nicht trübsinnig und habe im Gegensatz zu vielen Schwerstkranken die Grundfragen des Lebens geklärt: »Woher komme ich? Wohin gehe ich?« Anstatt angepasst zu leben, grenze ich mich durch meinen christlichen Glauben von einem großen Teil der Gesellschaft ab. Beispielsweise habe ich andere Lebensziele und moralische Ansprüche als viele Menschen um mich herum.

Wie sollte ich nun mit den gewonnenen Erkenntnissen umgehen? »Ist Krebs tatsächlich – wie von Psychologen behauptet – der körperliche Ausdruck eines seelischen Konfliktes? Soll ich mehr darauf achten, eigene Ideen umzusetzen, auch wenn sie verrückt zu sein scheinen – ohne ständig Rücksicht zu nehmen auf die Wünsche anderer? Ist es gesundheitsfördernd, das eigene Ego zu entdecken und zu entfalten?«

»Gewiss nicht!«, war ich überzeugt. Die Psychologie geht von einem Weltbild aus, das ich mit meinem christlichen Glauben nicht vereinbaren kann. Außerdem erschienen mir zumindest die Aussagen der gelesenen Bücher pauschaliert und vereinfacht zu sein. Meiner Meinung nach gibt es keine »Krebspersönlichkeit«. Sicherlich haben viele Patienten die aufgezählten Charaktermerkmale. Doch ich kannte einerseits genug Menschen, die genauso sind wie von den Psychologen beschrieben, jedoch bis ins hohe Alter rundum gesund blieben. Andererseits traf ich unter meinen Mitpatienten genug Choleriker oder »Machertypen«, die genau wie ich Krebs bekamen. Mein Zimmernachbar in der BioMed-Klinik beispielsweise verhielt sich alles andere als angepasst. Wir hatten von Anfang an sehr kontroverse, fast in Streit ausartende Diskussionen. Ihn schien es nicht mal zu bekümmern, dass ich bei minus 10 Grad Außentemperatur das Fenster nachts lieber geschlossen hätte oder dass er mir mit seinen extrem lauten Schnarchgeräuschen den Schlaf raubte.

Positiv denken

Ähnlich kritisch wie die Theorie von der »Krebspersönlichkeit« betrachtete ich das vielfach propagierte »positive Denken« – vor allem, wenn es sich dabei um eine Form des hypnotischen Selbsteinredens handelt. Dabei sagt man immer wieder: »Ich fühle mich wohl!« »Ich fühle mich gesund!«, obwohl man Krebs hat, der Lebenspartner einen gerade sitzen gelassen hat und die Kinder drogenabhängig sind. Es ist, als ob man das Leben durch eine rosarote Brille betrachten würde. Man denkt nur das, was sein sollte, nicht das, was wirklich ist. Ich empfand es als eine Art Training, sich selbst und andere anzulügen. Wahrscheinlich taten viele meiner Leidensgenossen genau das. Anders konnte ich mir nicht erklären, warum ich von ihnen immer wieder die gleichen Sätze zu hören bekam: »Man darf die Hoffnung nicht aufgeben. Man muss positiv denken!«

So viel ich weiß, wurde niemals wissenschaftlich nachgewiesen, dass positives Denken zu Tumorrückbildungen führt. Der Krebs nimmt wenig Rücksicht auf die Stärke eines Menschen. Wie oft musste ich schon beobachten, dass er auch durchwegs optimistische Persönlichkeiten niederstreckt. Ängstliche, unentschlossene Typen dagegen überlebten ihn nicht selten auf wundersame Weise. Ich selbst sagte mir nach der Diagnose Krebs: »Du hast als Kämpfer und Optimist bessere Heilungschancen als andere.« Als ich dann jedoch zu den 10-20% jener Patienten gehörte, die nach einer erfolgreichen Erstbehandlung einen Rückfall erleiden, wurde ich eines Besseren belehrt.

Die Ursachen von Krebs

Meiner Überzeugung nach sind die Ursachen von Krebs sehr komplex und noch lange nicht umfassend genug erforscht. Sicherlich spielt die Psyche bei der Krebsentstehung und der Krebsentwicklung eine wichtige Rolle. Noch mehr Einfluss soll bei meiner Erkrankung das Eppstein-Barr-Virus haben. Doch das sind nur zwei von vielen möglichen Ursachen. Sie wirken zusammen mit Faktoren wie Vererbung, einem schwachen Immunsystem, Stress, Ärger, Angst, Umweltgiften, Strahlen, Ernährung oder schlechten Gewohnheiten wie übermäßiger Tabak- und Alkoholkonsum.

Natürlich stellte ich mir die Frage, welche Bedeutung beispielsweise meine Auseinandersetzungen mit der Religionsgruppe UBF kurz vor Ausbruch meiner Erkrankung hatte. Zweifelsohne war das eine seelische Erschütterung, die sich körperlich ausgewirkt haben könnte. Vielleicht hatten sogar meine anfänglichen Schwierigkeiten in der Arbeit einen Einfluss darauf, dass ich Krebs bekam. Doch wie letztlich alles zusammenhängt, könnte ich selbst mit Hilfe des besten Psychologen kaum herausfinden. Und angenommen, das wäre möglich: Was würde es mir nützen im Umgang mit dem Leid?

Eine weitere psychologische Behandlung würde womöglich dazu führen, dass ich meine Aufmerksamkeit zu sehr auf mich selbst richte, und das wollte ich nicht. Nach der Bibel ist Gotteserkenntnis der beste Weg zur Selbsterkenntnis. Selbsterkenntnis allein ist so, als würde man den Anker innerhalb des Bootes auswerfen. Wirklich helfen kann mir nur jemand außerhalb meines Lebensbootes, jemand, der größer ist als ich. Und dieser »Jemand« ist Jesus Christus. Deshalb sollte bei mir sein Wort den Platz des Psychologen ersetzen.

Wie geht es dir?

Gelegenheiten, über meine Probleme zu reden, hatte ich auch ohne Psychologen mehr als genug. Seitdem ich krank bin, interessieren sich unsere Freunde und Bekannten verständlicherweise besonders für unser Ergehen. Keine Frage wurde mir in den letzten Jahren öfter gestellt als »Wie geht es Dir?« »Und wie geht es Kerstin?«

Ich freute mich nicht immer über diese Frage, vor allem nicht, wenn die entsprechende Person den »Super-Mitleids-Blick« aufsetzte und mit gedämpfter, sehr langsamer Stimme redete. Dann kam ich mir nämlich vor wie der ärmste Mensch auf diesem Planeten. Wie sollte ich darauf anders reagieren, als selbst traurig dreinzuschauen? Wenn es mir vor solchen Begegnungen nicht ohnehin schon schlecht ging – spätestens jetzt rutschte meine Stimmung auf einen Tiefstand.

Ähnlich unangenehm waren allzu viele Anrufe. Besonders nach dem erfolglosen Abbruch einer Therapie und vor der Entscheidung für eine neue Behandlungsmöglichkeit klingelte bis zu zehnmal pro Tag das Telefon – fast immer mit der Frage: »Wie geht es euch?« Was sollten Kerstin und ich anderes tun, als zehnmal zu berichten, wie schlecht es mir ging? All das belastete uns sehr.

Nun gab es zwei Möglichkeiten, auf die Fragen nach meinem Befinden zu reagieren: Mein ichbezogenes Herz neigte dazu, sich schrecklich aufzuregen über das mangelnde Einfühlungsvermögen einiger Mitmenschen.

Alternativ konnte ich die Anweisungen der Bibel befolgen. Dort steht (Mt 7,5): »Kümmere dich zuerst um deine Fehler ...« Mit anderen Worten heißt das: Anstatt hohe Erwartungen an andere zu stellen, sollte ich bei mir selbst beginnen und überlegen, ob mein Ärger berechtigt ist. Also versetzte ich mich in die Situation der Fragenden: Sicherlich meinten sie es gut mit uns. Sie könnten ihre Zeit auch bequemer verbringen, als sich nach uns zu erkundigen. Viele von ihnen flehten regelmäßig für uns zu Gott. Hatten sie nicht das Recht zu erfahren, wie es uns geht – alleine schon um konkret beten zu können? Und wenn ein Telefonat eher Bürde als Balsam war, lag die Schuld bei mir. Anstatt ehrlich zu sagen: »Ich bekomme Kopfschmerzen. Lass uns bitte Schluss machen!«, spielte ich allzu oft das Spiel: »Schön, dich zu sprechen!« Kein Wunder, dass unter diesen Umständen mein Gegenüber dachte, ich würde mich über das ausgedehnte Gespräch freuen ...

Abgesehen davon gab es ja auch genügend Freunde, die genau richtig mit uns umgingen. Sie wussten offensichtlich, dass jeder Schwerkranke andere Wünsche und Empfindlichkeiten hat. Deswegen fragten sie uns: »Ich weiß nicht, wie ich euch begegnen soll! Sagt mir doch einfach, was euch gut tut, wie ich euch helfen kann ...«

Kerstin und ich überlegten, wie wir gleichzeitig das Informationsbedürfnis unserer Freunde befriedigen und uns selbst schützen könnten. Ganz einfach: Wir beschlossen, etwa vierteljährlich einen Rundbrief zu schreiben und ihn per E-Mail oder Post an etwa 100 Empfänger weiterzuleiten.

Begeistert von dieser Lösung formulierte ich noch in der Klinik in Bad Bergzabern das erste Rundschreiben: »Wir haben einen sehr großen Freundes- und Bekanntenkreis. Es belastet uns, jedem von euch individuell meinen aktuellen Gesundheitszustand zu schildern. Aus diesem Grund werden wir euch künftig durch einen Standardbrief auf dem Laufenden halten. Bitte habt Verständnis ...« Wir wiesen unsere Freunde auch darauf hin, was uns wirklich tröstet: »Gemütlich zusammensitzen und gute Gespräche führen. Dabei darf es sehr gerne um unser Leid gehen, besonders wenn jemand sachlich und nüchtern damit umgehen kann. Allerdings wollen wir nicht darauf reduziert werden. Es gibt ein Leben außerhalb der Krankheit! Besonders in schweren Lebensphasen freuen wir uns über Ablenkung. Mancher war diesbezüglich schon kreativ und hat uns zum Eisessen oder ins Kino eingeladen oder einfach aus seinem Leben erzählt. Und wenn du uns eine Freude machen willst, weißt aber nicht wie, frage einfach. Kurzum: Gehe natürlich mit uns um! Wir werden umgekehrt auch versuchen, euch ehrlich und locker zu begegnen.« Dieses Verhalten bereicherte unsere Beziehungen und niemand wurde verletzt.

[19] Zurück zur Schulmedizin

Kurz vor meiner Entlassung aus dem Krankenhaus bat ich Dr. Hager, nach wirksamen Behandlungsmöglichkeiten für mich zu recherchieren. Sein Ergebnis: »Wie Sie wissen, wird in Ihrem Fall üblicherweise eine Hochdosis-Chemotherapie empfohlen. Davon rate ich ab, weil Studien belegen: Patienten, die sich dieser Therapie unterziehen, leben im Durchschnitt nicht länger als Patienten, die überhaupt keine Therapie machen. Es gibt zwei Alternativen: Eine Chemotherapie namens DEXA-Beam und eine namens CEVD. Da CEVD besser verträglich ist und etwa gleich wirksam, rate ich Ihnen dazu.«

Um über den Vorschlag von Dr. Hager in Ruhe reflektieren zu können, fuhren Kerstin und ich nach dem vierwöchigen Krankenhaus-Aufenthalt in Bad Bergzabern für fünf Tage nach Moosbach im Allgäu, in ein christliches Erholungsheim. Wir genossen die Atmosphäre der Liebe, die täglichen Andachten und die Ruhe, nahmen uns viel Zeit zum Nachdenken und Reden – vor allem über die anstehende Therapie-Entscheidung.

Gegen Ende unseres Urlaubes stand mein erneutes »Nein« zur Hochdosis-Chemotherapie fest. Mir fehlte nach wie vor der Glaube an diese Behandlung. Und ohne diesen Glauben – so bezeugten mir die Ärzte – kann man solch eine Tortur kaum erfolgreich durchstehen. So hielt ich mich an den Vorschlag von Dr. Hager – eine Chemotherapie mit der Medikamenten-Kombination CEVD.

Die Frage, wo ich mich behandeln lasse, war schnell beantwortet. Genau zur rechten Zeit wurde mir die onkologische Gemeinschaftspraxis Dr. Brust, Dr. Schuster und Dr. Queisser in Mannheim empfohlen. Nach einem ausführlichen Gespräch mit Dr. Brust war mir klar: »Diesem Arzt kann ich vertrauen. Er handelt nicht nach ›Schema F‹. Er hat Verständnis für meine Wege, bevormundet mich nicht, möchte vielmehr mit mir zusammenarbeiten.« Dr. Brust schlug vor, die Chemotherapie ambulant in seiner Praxis durchzuführen. Wie froh waren Kerstin und ich über diese Chance. So konnte ich zu Hause wohnen. Eine wochenlange Trennung blieb aus.

Kurz nach diesem Gespräch, Anfang März 1999, war es so weit: Der neuerliche Kampf gegen den Krebs mittels Chemotherapie begann. Das Ergebnis war lebenswichtig, weil meine Heilungschancen von Therapie zu Therapie abnahmen. Dr. Brust erklärte: »Wir werden Ihnen dreieinhalb Wochen lang Infusionen geben. Danach folgt eine mindestens dreiwöchige Erholungspause. Dieser Zyklus wird drei- bis viermal wiederholt.«

Ich war unsagbar dankbar dafür, die Behandlung im Gegensatz zu meiner letzten Chemotherapie in Nürnberg relativ gut zu vertragen. Woran lag das wohl? Zum einen nahm ich nun großzügig Medikamente gegen Übelkeit ein. Zum anderen hatte sich meine Einstellung geändert. Ich sträubte mich nicht mehr gegen die Chemo, sondern ließ sie recht gelassen über mich ergehen – ohne mir über Nebenwirkungen oder die Vergiftung meines Körpers den Kopf zu zerbrechen.

Vielleicht hatte ich gerade deswegen während der Therapie genug Appetit und die Kraft, täglich wenigstens ein paar Stunden etwas Sinnvolles zu tun: Bibelarbeiten für den Jugendkreis sowie meine ersten Predigten vorzubereiten, im Haushalt zu helfen oder die Steuererklärung auszufüllen. An manch einem Tag fehlte mir jedoch die Motivation, mich an den Schreibtisch zu setzen, um zu arbeiten. Dinge, die ich mir vorgenommen hatte, blieben unerledigt liegen. Das machte mich unzufrieden und gereizt. Doch selbst diese für mich neue Erfahrung war nicht nutzlos. Sie förderte mein Verständnis für Menschen, die weit mehr Probleme mit Antriebslosigkeit haben als ich.

Umgang mit Nebenwirkungen

Als schon kurz nach den ersten Infusionen die Haare auszufallen begannen, betete ich: »Herr Jesus – bitte stoppe den Haarausfall oder hilf mir, ihn hinzunehmen, ohne deprimiert zu sein.« Das Gebet wurde erhört: Ich fühlte mich auch mit Glatze wohl und hatte keinerlei Hemmungen, ohne Perücke unter Menschen zu gehen.

Überhaupt kam ich mit vorübergehenden Nebenwirkungen gut zurecht. »Die Haare wachsen wieder. Die Übelkeit vergeht.« Weit wichtiger war die Frage, ob der Krebs mit dieser Chemotherapie ein für allemal besiegt wird oder nicht. Ich war optimistisch, da ich aus eigenen Recherchen wusste: Die Chancen auf eine komplette Rückbildung des Tumors liegen bei etwa 50 Prozent. Die Chancen auf eine langfristige Heilung bei immerhin fast 20 Prozent. »Dieses Mal werde ich gewiss nicht schon wieder zu den Verlierern gehören. Dieses Mal werden die vielen Gebete um Heilung bestimmt erhört«, dachte ich. In der Tat verschwanden schon nach wenigen Wochen meine Schmerzen. Es ging aufwärts! Leider nur zwei Monate lang.

Schon nach dem zweiten Block Chemotherapie traten erneut tumortypische Symptome auf: Ein Lymphknoten in der rechten Leiste wurde immer größer und verursachte Druckschmerzen, vor allem beim Gehen. Die mir schon bekannten Rückenschmerzen stellten sich wieder ein, ebenso Nachtschweiß und Gewichtsabnahme. Vor allem morgens war ich so müde, dass ich beim Beten regelmäßig einschlief. Um das zu vermeiden begann ich, meine morgendlichen Spaziergänge zum Gespräch mit Gott zu nutzen.

Besonders dramatisch erlebte ich das Pfingstwochenende 1999. Kerstin und ich waren im Kino. Danach hatte ich so starke Schmerzen, dass ich nicht mehr in der Lage war, die 500 Meter bis zum Auto zu gehen. Kerstin musste mich am Eingang des Kinos abholen. Zu Hause angekommen nahm ich die üblichen Schmerzmittel ein, die jedoch nur eine leichte Linderung brachten. Unvermittelt kamen mir die Worte von Dr. Hager in den Sinn: »Wenn der Tumor sich nach dem zweiten Block Chemotherapie nicht vollständig zurückgebildet hat, brauchen Sie nicht mehr mit einer Heilung zu rechnen.«

Die Kontrolluntersuchung einige Wochen später begann mit

einem Malheur: Die junge Ärztin stach beim Legen der Infusions-Nadel daneben. Kontrastmittel floss in das Gewebe. Schnell sah mein Arm aus wie der eines Bodybuilders. Ihr Kommentar dazu: »So etwas kann vorkommen bei Patienten wie Ihnen, die schon mehrere Chemotherapien hinter sich haben und bei denen die Venen entsprechend kaputt sind. Sie werden etwa 14 Tage lang Schmerzen im Arm haben.« Weitaus schwerer als die Folgen dieses Missgeschicks verkrafteten Kerstin und ich das Ergebnis der Untersuchung: »Im Bauchbereich hat sich wenig verändert. Im linken Lungenflügel dagegen ist ein etwa 3x3 cm großer Tumor zu sehen, der vorher nicht da war. Auch die Metastase in der Leber hat sich vergrößert. Hinzu kommt ein Krebsbefall Ihrer Knochen, besonders einiger Lenden- und Brustwirbel sowie der Hüften.«

»Warum?«

In den Tagen vor dieser Untersuchung hatte ich zwar nicht mehr mit einer Heilung gerechnet, wohl aber mit einer Teil-Rückbildung des Tumors. Nun war der Krebs während der Behandlung weiter gewachsen! Wieder einmal war die Schlimmste all meiner Befürchtungen eingetreten. Auch Dr. Brust war enttäuscht von diesem Ergebnis und folgerte: »Eine Fortsetzung unserer Behandlung macht keinen Sinn. Ihnen stehen drei Optionen zur Wahl: Eine Hochdosis-Chemo, die Chemotherapie DEXA-Beam oder vorerst nichts tun und abwarten.«

Wie nach jeder Schreckensnachricht hatte ich auch jetzt mit Anfechtungen zu kämpfen: Die Erstbehandlung war erfolglos, ebenso die Gerson-Therapie und nun auch noch die Chemotherapie CEVD. Wie lange sollte dieses Elend noch weitergehen? »Warum?« fragte sich mein Herz immer wieder. »Warum führst du mich so unverständliche Wege, mein Gott? Gehört mein Leid schlichtweg zum Leben in dieser verfluchten Welt dazu? Oder ist es eine Art von Auszeichnung? Angenommen das wäre so: Warum finde ich Krankheiten nirgendwo in der Bibel als etwas Gutes beschrieben, als Segnung für gehorsame Gläubige, über die sie sich freuen sollen? Falls du mich durch meine Krankheit brauchbar machen willst für dich: Warum hast du gerade mich ausgesucht? Es gibt doch viel treuere Christen! Habe ich etwa ähnlich wie der Erzvater Jakob einen besonders hartnäckigen, widerstrebenden

Charakter und muss entsprechend hart gezüchtigt werden? Oder war ich ungehorsam dir gegenüber? Wenn ja, wo denn? Ich würde vorhandene Schuld gerne wiedergutmachen! Was ist mit all den ungläubigen Beobachtern und den vielen Christen, die so treu für uns beten? Wie sollen sie erkennen, dass du lebst und dass du Kerstin und mich liebst?« Ich fand keine Antworten auf meine Fragen, verstand Gott wieder einmal nicht.

[20] Gott spricht durch Hiob zu mir

Diesmal half mir das Studium des Buches Hiob wieder aus meinem Loch heraus, denn es behandelt genau die Fragen, die ich hatte. Hiob war ein Mann nach dem Herzen Gottes. Trotzdem kam schreckliches Leid in sein Leben: Er verlor nicht nur sein Hab und Gut. Plötzlich stand er an den zehn Särgen seiner Söhne und Töchter. Hiob reagierte vorbildlich darauf, indem er sagte (Hi 1,21): »Der Herr hat gegeben, und der Herr hat genommen, der Name des Herrn sei gepriesen.« Wie beschämend: Hiob hatte im Gegensatz zu mir kapiert, dass alles Gute eine Leihgabe Gottes ist, die er uns jederzeit wieder nehmen kann – selbst unsere Gesundheit, selbst unser Leben. Hiob unterlag nicht der Vorstellung, dass Gott uns das Glück schuldet.

Erst als Gott zuließ, dass der Teufel Hiob auch noch mit schmerzhaften Geschwüren am ganzen Körper schlug und als Gott bei alldem schwieg, klagte er Gott als ungerecht an. Hiob dachte ähnlich wie ich (vgl. Hi 9,22 und 21,15): »Es bringt nichts, zu beten und Gott zu dienen. Egal ob du gottlos bist oder fromm – er bringt dich doch um!« Er zweifelte an Gottes Liebe, weil Gott seiner Meinung nach den Menschen Lasten auflegt, die zu schwer für sie sind. Gott musste sich von Hiob sogar den Vorwurf anhören, unklug gehandelt zu haben, als er ihn erschuf. Am liebsten wäre er nie geboren worden. Zumindest würde er jetzt lieber sterben als so zu leiden.

Anfechtungen sind normal

Hiobs Aufbäumen gegenüber Gott war ein Trost für mich. Zweifel und Anfechtungen scheinen im Leben eines Christen normal zu sein – besonders in Zeiten der Not. Wenn selbst solch ein treuer Gottesmann wie Hiob Probleme mit dem Ergründen von Gottes Wegen hatte, darf ich sie auch haben. Offensichtlich ist es nicht möglich, mit meinem begrenzten Horizont den großen Gott zu verstehen. Dieser Gott handelt mit jedem Menschen individuell, nicht nach der Schablone: »Immer wenn du das oder jenes tust, werde ich so oder so reagieren.«

Das wird besonders deutlich, wenn man sich Gottes Antwort auf Hiobs Fragen anschaut. Sie ist ganz anders als erwartet. Gott ging auf Hiobs Fragen genauso wenig ein, wie er auf meine Fragen einging. Stattdessen stellte Gott seinerseits viele Fragen folgender Art (vgl. Hi 38-41): »Wo warst du, als ich die Erde gründete? Hast du einmal in deinem Leben die Sonne aufgehen lassen? Kannst du die Sterne und das Universum kontrollieren? Wenn du diese Fragen nicht beantworten kannst, wenn du so wenig weißt, wie kannst du dir dann anmaßen, denjenigen zu kritisieren, der alles weiß?«

Als ich das las, stand Gott ganz groß vor meinem Angesicht. Besser als je zuvor erfasste ich: Gott ist so groß, dass ich seine Erhabenheit, Allmacht und Weisheit nicht annähernd ausloten kann. Gott ist so groß, dass er niemanden und nichts braucht – auch mich nicht! Ich kann ihm nichts geben, weil ohnehin alles sein Eigentum ist. Deshalb habe ich kein Recht, ihm vorzuwerfen: »Ich habe nicht bekommen, was mir zusteht.« Gott ist so groß, dass es vermessen wäre, für jeden unerfüllten Wunsch, für jede Not eine Erklärung zu erwarten. Das war auch nicht nötig: Je mehr ich erkannte, wer Gott ist, desto weniger war ich darauf angewiesen, die Einzelheiten bezüglich seiner Führung in meinem Leben zu verstehen.

Ja – ich hatte Gott zu Unrecht angeklagt! Ich war ihm Rechenschaft schuldig, nicht er mir! Als ich das begriff, betete ich ähnlich wie Hiob (Kap. 42,3.6): »Ich habe meine Meinung mitgeteilt und verstand doch nichts … Darum verwerfe ich mein Geschwätz und bereue in Staub und Asche.« Es tat mir aufrichtig Leid, dass ich Jesus Christus nicht vertraut hatte. Wie sehr musste wohl sein Herz schmerzen wegen meines Zweifelns?

Gottes Erziehung

Gott sei Dank blieb ich nicht beim Aufbäumen stehen. Am Ende stand der Entschluss: »Ich versteh´ dich zwar nicht, aber ich vertraue dir – selbst wenn mein Gefühl dagegen aufschreit. Deine Wege sind vollkommen. Ich glaube, dass meine Krankheit keine Strafe ist, sondern Erziehung.« Das geht aus verschiedenen Bibelstellen hervor, beispielsweise aus dem Hebräerbrief (Kap. 12,5-7): »Mein Sohn, wenn der Herr dich zurechtweist, dann sei nicht entrüstet, sondern nimm es an, denn darin zeigt sich seine Liebe. Wie ein Vater seinen Sohn erzieht, den er liebt, so schlägt der Herr jeden, den er als sein Kind annimmt. Wenn ihr also leiden müsst, dann will euch Gott erziehen. Es zeigt, dass ihr wirklich seine Kinder seid.«

Gott wollte zwar ursprünglich keine Krankheiten. Doch er benutzt sie als Werkzeug. Damit kann er höhere Ziele erreichen, als es ohne Leid möglich wäre. Er handelt wie ein irdischer Vater, der seinem Sohn Schmerzen zufügt, um ihn vor größeren Schmerzen zu bewahren. Er handelt wie Eltern, die ihr Kind streng erziehen, um es auf ein erfolgreiches Leben vorzubereiten. Ich war überzeugt, dass es Gott so wie meinen leiblichen Vater ungemein schmerzt, mich leiden zu sehen. Er lässt das Elend trotzdem zu, weil er weiß, dass es aus ewiger Perspektive gut ist. Es dient vor allem dazu, Jesus Christus charakterlich ähnlicher zu werden (Röm 8,29).

Mit diesen Gedanken im Hinterkopf dankte ich meinem Gott für seine Erziehung: »Hier hast du meine beiden Hände. Führe mich so, wie du willst. Erforsche mein Herz, korrigiere mich und leite mich auf gutem Wege. Zeige mir, was ich dazu beitragen kann, dass du deine Ziele mit mir erreichst!« Nach diesem Gebet kehrte wieder Ruhe und Friede in mein Herz ein.

Wie mein Ende aussehen würde, wusste ich nicht. Gleichwohl ermutigte mich das Ende Hiobs. Er hatte Gott und sich selbst durch das Leid besser kennen gelernt (Hi 42,5). Als Gott dieses »Erziehungsziel« erreicht hatte, heilte er Hiob und vermehrte alles, was er gehabt hatte, auf das Doppelte. Hiob konnte sein Glück noch 140 Jahre genießen. Letztlich starb er alt und der Tage satt. Das gab mir Hoffnung: »Auch mein Ende wird gut werden – vielleicht nicht mein irdisches, mit Sicherheit jedoch mein ewiges.«

[21] Meine medizinischen Bergführer

Als ich das schlechte Ergebnis der letzten Chemotherapie verdaut hatte, stand wieder einmal die schon oft gestellte Frage zur Debatte: »Wie soll es nun weitergehen?« Erfreulicherweise zweifelte ich nie an meinen bisherigen Therapie-Entscheidungen – obwohl sie sich im Nachhinein als erfolglos entpuppt hatten. Der Grund dafür war wohl, dass ich stets viel dafür gebetet hatte. So wollte ich auch jetzt darauf vertrauen, dass Gott mich führt.

Beim Suchen nach geeigneten Behandlungsmöglichkeiten war ich inzwischen für alles offen, sogar für eine Hochdosis-Chemotherapie. Meine grundsätzliche Antipathie gegenüber dieser Behandlung hatte sich zwar nicht geändert. Doch wenn es Gottes Wille wäre, würde ich »ja« dazu sagen.

Ich zog ein breites Spektrum an Ärzten zu Rate, die sich viel Mühe gaben, mir gleichsam als Bergführer die verschiedenen Routen durch das schwierige Gelände zu erklären: Einen erfahrenen Heilpraktiker, einen Chefarzt für Onkologie aus Stuttgart, einen Oberarzt der Uniklinik Mannheim, eine Ärztin des Zentrums für Tumorbiologie in Freiburg, Dr. Hager aus Bad Bergzabern und natürlich meinen Onkologen Dr. Brust.

Als erster möglicher Weg zum Ziel stand eine so genannte »Antikörper-Behandlung« zur Diskussion. Diese »Bergroute« könnte ich allerdings nur dann gehen, wenn ich den Antikörper CD 20 im Blut hätte. Um das zu prüfen, wurde ein angeschwollener Lymphknoten aus meiner rechten Leiste entnommen. Bei der 45-minütigen Operation mit Teilnarkose bekam ich jeden Handgriff der Chirurgen mit, spürte sogar das Schneiden und Ziehen ein wenig, ohne Schmerzen zu empfinden. Doch leider offenbarte die Gewebeprobe, dass ich das erforderliche Antigen nicht hatte.

Die Ärzte machten mir daraufhin ziemlich schnell deutlich: Meine Krankheit war so weit fortgeschritten, dass der Gipfel, eine Heilung, kaum noch zu erreichen war. Ich musste eine strategische Entscheidung treffen: Eine Möglichkeit wäre, alles auf die Karte Hochdosis-Chemotherapie zu setzen. Dieser kurative Ansatz wäre meine einzige reale Chance auf eine Heilung. Er hat jedoch sehr hohe Risiken und Nebenwirkungen. Alternativ könnte ich einen palliativen Ansatz wählen – einen sanften Weg des Sterbens. In diesem Fall würde man versuchen, mit Hilfe von leichten Chemotherapien, Bestrahlungen und Schmerzmitteln den Tod hinauszuzögern und das verbleibende Leben möglichst lebenswert zu machen.

Ich war dankbar, dass meine medizinischen Bergführer mich

so ehrlich aufgeklärt hatten. Sie rieten mir zwar tendenziell eher zu einem »Gipfelsturm«, räumten allerdings ein, dass auch der »sanfte Weg« keineswegs verantwortungslos wäre.

Urlaubszeit und Entscheidungszeit

Vor der Entscheidung genossen Kerstin und ich noch einen wunderschönen Urlaub – zunächst am Thuner See in der Schweiz. Dort passte alles: Wir waren in einem urigen Bauernhof mit Blick auf saftige Wiesen und schneebedeckte Berge untergebracht. Die Sonne strahlte uns ins Gemüt und der Schweizer Bergkäse mit frisch gebackenem Bauernbrot stimmte den Magen freundlich. Herrliche Wanderungen durch Täler, an Bergbächen entlang halfen uns, so richtig abzuschalten und aufzutanken. Die schönste Wanderpause erlebten wir auf einer Alm, wo wir nicht nur frische Kuhmilch serviert bekamen, sondern auch das Leben und Arbeiten der dort lebenden Familie miterlebten.

Im Anschluss daran fuhren wir weiter nach La Rochelle an der Atlantikküste Frankreichs. Dort heiratete Kerstins Bruder Steffen seine französische Freundin Sophie. Hier ließen wir uns auf französische Art verwöhnen. Zusammen mit anderen Hochzeitsgästen verbrachten wir nach dem prächtigen Fest noch eine knappe Woche am Meer. Ein besonderer Höhepunkt war ein mehrstündiger Ausflug mit einem 200 PS-Motorboot. Einige Minuten durfte ich selbst ans Steuer und machte dabei die Küstenregionen unsicher.

Neben all der wohltuenden Ablenkung blieb genug Gelegenheit, um über die Therapiewahl nachzudenken. Ich betete: »Herr Jesus, bitte zeige mir den Weg, den ich gehen soll. Schenke mir eine Haltung, die allein deine Verherrlichung sucht.« Bei Spaziergängen oder längeren Autofahrten wogen Kerstin und ich die Vor- und Nachteile der verschiedenen Möglichkeiten ab. Im Laufe der Zeit stand mir immer deutlicher vor Augen, dass es in meiner Situation kein »Richtig« oder »Falsch« gab. Gott hatte beide Wege für mich geöffnet. Er ist nicht kleinlich. Er wird nicht sagen: »Weil du die falsche Therapie gewählt hast, wirst du sterben.«

Früher spielten bei meinen Therapie-Entscheidungen Statistiken eine gewisse Rolle. »Wie hoch sind meine Heilungschancen?« und »Wie lange ist die durchschnittliche Überlebenszeit nach der Behandlung?«, wollte ich wissen. Aber seitdem ich mich intensiv mit der Souveränität Gottes beschäftigt hatte, ließ ich mich durch solche Zahlen nicht mehr mürbe machen.

Die Bibel sagt, dass Gott nicht übersieht, wenn ein Spatz tot zur Erde fällt. Selbst die Haare auf unserem Kopf sind alle gezählt (Mt 10,29-30). Er lenkt die Gedanken von Königen (Spr 21,1). Was er will, geschieht (Spr 19,21). Nichts auf dieser Erde erfolgt ohne seinen Befehl (Klgl 3,37). Von ihm kommen Tage des Glücks, aber auch Tage des Unglücks (Pred 7,14). Er tut, was ihm gefällt und keiner kann seine Pläne zunichte machen (Hi 42,2 und Ps 115,3).

Auf mich übertragen hieß das: Jede Einzelheit meines Lebens geht über Gottes Schreibtisch. Solange er mich auf diesem Planeten noch gebrauchen möchte, wird er mein Leben unter allen Umständen erhalten – gegen jede Prognose von Ärzten, gegen jede Statistik. Der Ausgang meiner Krankheit hängt weder von Statistiken ab, noch von der gewählten Therapie, sondern allein von Gott. Wenn er mich gesund machen will, wird er es unabhängig von meiner Therapiewahl tun. Und wenn nicht, nützt die aussichtsreichste Behandlung nichts. Kein Zweifel: Ich werde niemals an Krebs sterben, sondern allein an dem Willen Gottes.

In dieser entlastenden Gewissheit entschied ich mich für den »sanften Weg«. Im Gespräch mit Dr. Brust beschlossen wir, zunächst abzuwarten, wie sich die Krankheit weiter entwickelt. Sobald mir Schmerzen, Nachtschweiß und andere Symptome das Leben schwer machen würden, wollten wir mit einer leichten Chemotherapie beginnen.

[22] Werde ich bald sterben?

Nun konnte ich nicht mehr tun als abzuwarten. Wie herrlich wäre es, wenn mein Herr mich durch ein Wunder heilen würde. Ich erinnerte mich an meinen Traum und an die Worte aus Psalm 16: »Denn du wirst mich nicht dem Tod und der Verwesung überlassen …« Inzwischen hatten mir drei Freunde aus meiner Gemeinde unabhängig voneinander die gleiche oder ähnliche Bibelstellen (Ps 116) weitergegeben. Bin ich ein Träumer, der sich selbst etwas vormacht? Oder waren das Bestätigungen dafür, dass Gott tatsächlich mich meint mit dem besagten Versprechen? Falls ja, wie sollte ich diese Worte verstehen?

Sichert Gott mir damit Heilung zu oder nicht? Ich war hin- und hergerissen. Tief in meinem Herzen war ich zuversichtlich: »Gott wird mich nicht an Krebs sterben lassen.« Anders konnte ich die Formulierungen in Psalm 16 und vor allem in Psalm 116,9 nicht interpretieren: »Ich darf am Leben bleiben, in seiner Nähe.« Die Erfahrungen anderer Christen verunsicherten mich dagegen. Manch einer war schon gewiss, Gott würde ihn heilen, starb dann aber doch. Kürzlich las ich das Buch »Du gingst uns voraus« von Otto und Marlies Hahn. Dieses Ehepaar glaubte aufgrund eines Bibelverses (Joh 11,4) fest daran, ihr Sohn würde trotz seines schweren Herzfehlers ein beinahe normales Leben führen können. Dennoch versagte das über Jahre hinweg überlastete Herz und das Kind verstarb. Lasse ich mich zu schnell verunsichern? Oder bin ich schlichtweg nüchterner geworden?

Um in meinen Überlegungen weiterzukommen, bat ich Wilfried und Sylvia Plock um Rat. Sie erklärten: »Wenn das biblische Versprechen deiner Überzeugung nach von Gott an dich gerichtet ist, kannst du dich persönlich daran klammern. Allerdings darfst du diesen Glauben nicht von Kerstin oder von anderen erwarten.« Eine weise Antwort. Daraufhin beschloss ich, mich zwar über meinen Traum und die Bibelstelle aus Psalm 16 zu freuen, aber möglichst nicht mit anderen darüber zu reden.

Keinesfalls wollte ich die Erfahrung von Gottes Reden zu mir hochspielen. Ich sah es eher als Schwäche, weniger als Auszeichnung, dass Gott in dieser Form zu mir sprach. Gott wusste: Ich käme mit meinem Leid schlechter zurecht – ohne die Gewissheit, dass meine Krankheit zum Segen werden soll und ohne die Gewissheit, dass Jesus Christus mich nicht dem Tod überlassen wird. Gott wusste, wie sehr mir seine Zusicherungen halfen. Gleichwohl war ich sicher: Diese Art des Redens Gottes war ein Ausnahmefall! Ich erwartete nicht, so etwas wieder zu erleben.

Sterben – ein Gewinn?

Trotz meiner optimistischen Grundhaltung fragte ich mich: »Was ist, wenn ich das Versprechen Gottes falsch verstand und die Krankheit ihren üblichen Verlauf nimmt – mich also bald in den Tod reißt?« Mir kam der Apostel Paulus in den Sinn. Er war zwar nicht todkrank wie ich. Doch er saß im Gefängnis und stand in der Gefahr, bald hingerichtet zu werden, als er folgende Worte schrieb (Phil 1,21): »Denn das Leben ist für mich Christus und das Sterben Gewinn.«

Das stellt einiges auf den Kopf! Für die meisten Menschen ist Sterben doch kein Gewinn, sondern der größte Verlust. Mit dem Tod verlieren sie alles: Wohlstand, Ehre, Macht, lieb gewonnene Menschen und vor allem ihr eigenes Leben. Und wie sieht es in meinem Herzen aus? Wäre das Sterben für mich ein Gewinn? Der Verstand antwortete: »Natürlich – im Himmel ist es viel schöner als hier auf der Erde.« Doch mein Gefühl erwiderte: »Ich würde viel lieber gesund und zusammen mit meiner lieben Frau alt werden.«

Mein Respekt vor dem Tod war noch immer zu groß. Aber je mehr ich mich damit beschäftigte, desto mehr verlor er seinen Schrecken. Das scheinbar Schlimmste, was mir passieren konnte, war eigentlich das Beste, was mir geschehen konnte. Denn für mich als Christ ist Sterben nichts anderes als heimzugehen. Diese Welt ist nicht meine Heimat. Nein – ich bin auf der Durchreise. Deshalb will ich nicht zu viel von diesem Leben erwarten. Hier ist nicht meine Heimat.

Früher – besonders wenn es mir gut ging – dachte ich allzu schnell: »Der Tod reißt mich aus meiner Heimat heraus. Er reißt mich weg von meiner lieben Kerstin, meiner Familie, meinen Freunden und meiner Gemeinde.« In dieser Haltung hatte ich natürlich keine Lust, in meine himmlische Wohnung umzuziehen. Vielmehr hatte ich den Eindruck, dass die Zeit gegen mich arbeitet.

Ganz anders erging es mir jetzt: Die Zeit arbeitete für mich. Jede Minute brachte mich der Heimat näher. Ich war glücklich, nicht ewig auf dieser Erde leben zu müssen. Wahrscheinlich war es gut, dass in meinem Leben nicht alles glatt lief. Sonst hätte ich mich auf dieser Erde noch heimischer gefühlt und vergessen, dass das Schönste noch kommt.

Ein Blick in den Himmel

Ich weiß: Gerade dafür werden Christen kritisiert – das Leben auf dieser Erde zu verneinen und sich auf den Himmel zu vertrösten. Meiner Meinung nach ist es umgekehrt. Menschen, die viel an den

Himmel denken, sind oft diejenigen, die in dieser Welt besonders viel bewegen. Sie sind nicht darauf angewiesen, dieses kurze Leben möglichst gut auszukosten. Sie sind frei, ihr Geld, ihre Gaben, ihre Zeit, ihr ganzes Leben zu investieren, um Gutes zu tun.

Ich stehe dazu: Meine Heimat ist der Himmel – ein Ort, an dem ich mich pudelwohl und glücklich fühlen werde. Max Lucado, Pastor und Schriftsteller, verglich den Übergang von der Erde in den Himmel in der Geschichte »Das Geheimnis des Lebens« mit einer Geburt: Bevor ein Baby geboren wird, fühlte es sich sicher in Mamas Bauch. Es lag warm, hatte genug zu essen und brauchte nur zu schlafen. Plötzlich wird es rausgedrückt in eine fremde Welt, die es vorher nie gesehen hatte. Stellen wir uns vor, wir könnten mit so einem Baby sprechen, bevor es geboren wird. Wir würden ihm vielleicht sagen: »In nur wenigen Minuten wirst du diesen Bauch verlassen. Du wirst in einem Raum voller Leute, Lichter, Geräusche und Gerüche sein …« »Ich will hier nicht raus«, würde das Baby sagen. »Ich mag es hier drin. Außerdem weiß ich gar nicht, was Leute sind.« »Oh, du brauchst keine Angst zu haben. Es ist gar nicht schlecht da draußen«, würden wir dem Kind erzählen. »Im Bauch dagegen ist es eng und bedrückend. Mach dir keine Sorgen. Du wirst froh sein, dass du rausgekommen bist.« »Danke, kein Bedarf. Ich bin glücklich, wo ich bin.« Das Baby hat keine Wahl: Es muss den Bauch verlassen und in diese Welt eintreten. So kommt für uns eine Zeit, wo wir diese Welt verlassen und zum Himmel gehen müssen. Die meisten Leute wollen nicht gehen. Wir machen es wie das kleine Baby im Bauch. Wir wollen dort bleiben, wo wir sind. Diese Welt ist wohl nicht vollkommen, aber wenigstens ist sie uns vertraut.

Einerseits finde ich es schade, dass die Bibel den Himmel nicht konkreter und detaillierter schildert. Andererseits hatte Gott sicher seine guten Gründe dafür. Er wusste, dass wir vom Himmel genauso wenig verstehen würden wie ungeborene Babys vom Leben auf dieser Erde. Wahrscheinlich ist unser Gehirn zu klein, um den Himmel zu begreifen, und unsere Worte sind zu schwach, um den Himmel zu beschreiben. Deshalb ermöglicht Gott uns nur einen »Blick durchs Schlüsselloch«. Dieser Blick gibt uns immerhin einen Vorgeschmack, wie schön es dort sein muss.

Mir jedenfalls hat dieser Blick durchs Schlüsselloch nicht nur Bedenken genommen, sondern auch meine Vorfreude gesteigert.

Früher befürchtete ich: »Hoffentlich ist es im Himmel nicht langweilig. Womöglich steckt ein Fünkchen Wahrheit in der Ironie, dort zehntausende von Jahren auf einer Wolke zu sitzen und Harfe zu spielen.« Die Bibel belehrte mich eines Besseren, denn in Offenbarung 22,3b heißt es: »Seine Knechte werden Gott dienen.« Klar: Manche Berufe wird es nicht mehr geben. Dort braucht man keine Ärzte, keine Krankenschwestern und keine Pharmazeuten, weil es keine Krankheit und kein Leid mehr gibt, keine Schmerzen, keine Operationen und keine Chemotherapien. Mein zerfallener Körper wird durch einen vollkommen gesunden, makellosen Körper ersetzt werden (vgl. 1. Kor 15,35-50). Rechtsanwälte wird man im Himmel ebenfalls vergeblich suchen, weil es keinen Streit mehr gibt. Die Gläubigen werden vollkommen harmonisch zusammenleben. Die Wellness-Industrie wird keine Umsätze mehr machen, weil wir nach mehreren Millionen Lebensjahren genauso aussehen werden wie ein 100-jähriger Jüngling – ob mit oder ohne probiotischem Joghurt. Mit Sicherheit wird es keine Leichenbestatter mehr geben, weil der Tod nicht mehr sein wird. Wir müssen nie mehr Abschied nehmen von geliebten Menschen!

Gottes Wort sagt nicht viel darüber, wie das Dienen im Himmel genau aussehen wird. Doch eines steht fest: Die Anbetung Gottes wird einen großen Stellenwert einnehmen (vgl. Off 19,5-6). Selbstverständlich werde ich dies nicht als Pflicht oder Zwang empfinden, denn ich bin sicher: Wenn ich Jesus Christus in seiner Herrlichkeit sehe, werde ich gar nicht anders können, als anzubeten – so sehr werde ich von ihm überwältigt sein.

Abgesehen davon gibt es im Himmel sicherlich viel Neues zu entdecken. Vielleicht gibt es Bibelunterricht von Gott selbst? Und so wie ich hier meine Freunde mehr und mehr kennen lernen möchte, werde ich dort darauf aus sein, andere Himmelsbürger immer besser kennen zu lernen – vor allem Jesus selbst. Um zu begreifen, welch eine großartige und schöne Person er ist, werde ich eine Ewigkeit lang brauchen. Jedenfalls bin ich froh, dass der Himmel kein Ort des Nichtstuns ist. Meine Krankheit schloss mich von vielen Tätigkeiten aus. Im Himmel dagegen werde ich umso aktiver sein.

Und das ohne schlechte Gedanken: Alle Folgen der Sünde, die mir das Leben auf Erden schwer machen, werden wegfallen. Auf mich wartet eine Welt, die jenseits von allem ist, was ich hier kenne und mir vorstellen kann. Im Himmel gibt es keinen Mangel. All meine Träume und Sehnsüchte werden erfüllt werden. Kein Wunsch bleibt offen. Ganz im Gegensatz zur Hölle – die ein Ort unerfüllter Träume und Sehnsüchte ist.

Angst vor dem Sterben?

Manch einer fragte mich, ob ich Angst vor dem Tod hätte. Darauf erwiderte ich: »Vor dem Tod nicht, aber vor den Qualen, die dem Tod vorausgehen.« Gott sei Dank vereinnahmten mich solche Gedanken nicht. Doch wenn ich an den Vorgang des Sterbens dachte, bekam ich Angst davor, ersticken zu müssen oder Angst vor Schmerzen, gegen die kein Schmerzmittel mehr hilft. Gelegentlich hatte ich Angst vor einer langen Leidensphase, ebenso vor Nervenschmerzen, vor Metastasen im Gehirn, einfach vor allem Schrecklichen, das nach meiner Beobachtung auf Krebspatienten zukommen kann. Ich hatte sogar schon befürchtet, lebendig begraben zu werden.

Jedes Mal, wenn solche Ängste meine Stimmung drücken wollten, versuchte ich, an die Aussage von Charles Spurgeon zu denken: »Bruder, du brauchst keinen Mut zum Sterben, ehe es nicht wirklich ans Sterben geht. Was würde dir der Mut denn nützen, wenn du noch lebst? Ein Boot brauchst du erst, wenn du zu einem Fluss kommst. Bitte doch lieber um Mut zum Leben und verherrliche Jesus dadurch, und dann wirst du auch Mut zum Sterben haben, wenn deine Stunde gekommen ist.«

Diese Gedanken trösteten mich sehr. Jesus Christus gab mir in der Vergangenheit stets die nötige Kraft, um mit ihm zusammen durch das Leid zu gehen. Noch nie hatte er mir diese Kraft im Voraus geschenkt. Aber wenn tatsächlich meine schlimmsten Befürchtungen eintraten, trug mein Gott mich regelrecht durch das Leid hindurch. Vor zwei Jahren hatte ich mir nicht vorstellen können, einen Krankheitsrückfall zu verkraften. Mit Gottes Hilfe ging es doch. Ähnlich konnte ich mir jetzt nicht vorstellen, wie ich die Qualen des Sterbens ertragen sollte. Trotzdem ging ich gelassen in die Zukunft, weil ich wusste: »So wie mich mein Gott in den letzten drei Jahren nie im Stich gelassen hat, wird er mich auch im Todeskampf begleiten.«

[23] Krankheitsalltag

Da vorerst keine Therapie anstand und ich bis Mitte September 1999 kaum Schmerzen hatte, konnten Kerstin und ich den Sommer sehr genießen. Wir fuhren Fahrrad, machten kleinere Ausflüge in der schönen Umgebung von Mannheim oder trafen uns mit Freunden. Oftmals dachte ich gar nicht mehr daran, todkrank zu sein. Ich lebte fast wie ein Gesunder.

Nach diesem herrlichen Sommer ging es allerdings gesundheitlich schnell bergab – der Tumor war wieder aktiv: Im August war in der rechten Leiste nur ein einziger vergrößerter Lymphknoten zu sehen – knapp über 1 cm groß. Nur sieben Wochen später entdeckte Dr. Brust an der gleichen Körperstelle fünf Lymphknoten, die bis zu 2,5 cm groß waren. Es beunruhigte mich, diese Lymphknoten zu tasten. Ich hatte den Eindruck: »Die blöden Dinger wachsen ungestört weiter.« Sie juckten, sie spannten beim Gehen und erinnerten mich infolgedessen ständig an meine Krankheit.

Noch mehr zu schaffen machte mir die erneut auftretende B-Symptomatik, die Begleiterscheinungen des Tumors. Zum Teil tagsüber, aber vor allem abends und nachts quälten mich Fieberschübe, die durch starken Schüttelfrost eingeleitet wurden und mit Schweißausbrüchen endeten. Außerdem traten regelmäßig die inzwischen vertrauten Kopf- und Rückenschmerzen auf. Neu hinzu kam ein Mangel an roten Blutkörperchen, die für den Sauerstofftransport zuständig sind. Deshalb fühlte ich mich fast immer müde – an manchen Tagen so sehr, dass ich bis 16.00 Uhr fast nur schlief und selbst das Essen anstrengend war. Überhaupt hatte ich kaum noch Appetit und nahm deshalb immer mehr ab. Die Folge: Ich gefiel mir selbst nicht mehr.

Viel schlimmer wäre all das ohne Schmerzmittel gewesen. Erstmals verschrieb mir Dr. Brust ein Opiat, da leichtere Medikamente nicht mehr halfen. An den Gedanken, Schmerzmittel zu benötigen, gewöhnte ich mich nur langsam. Deshalb ging ich anfangs so sparsam wie möglich damit um, nahm nur dann etwas ein, wenn es nicht mehr anders ging. Das war ein Fehler: Wegen der Wirkungsverzögerung musste ich die quälenden Schmerzen zuerst etwa eine halbe Stunde ertragen, bevor sich die erwünschte Linderung einstellte.

Zwischendurch machte mich ein starker, wochenlang anhaltender Reizhusten nahezu gesellschaftsunfähig. Ich konnte fast kein normales Gespräch mehr führen, so anstrengend und lästig war es, beim Reden ständig wegen Hustens innehalten zu müssen. Damit wäre ich noch zurecht gekommen, hätte der Reizhusten nicht zu einer Rippenfell-Entzündung geführt – eine schwere Belastungsprobe für mich, weil dadurch das Atmen und jede falsche Bewegung schmerzten.

Mein Gemütszustand

Meine Schwachheit und die gesundheitlichen Probleme wirkten sich wiederum auf meinen Gemütszustand aus. Solange es mir gut ging, solange ich arbeiten konnte, fühlte ich mich gebraucht und blickte optimistisch in die Zukunft. Sobald es mir dagegen körperlich schlecht ging und ich daher sehr wenig leisten konnte, fiel ich schnell in ein emotionales Loch. Dann belasteten mich selbst Begebenheiten wie beispielsweise der Fernsehbericht über ein 12-jähriges krebskrankes Mädchen, das voller Zuversicht gegen seine Krankheit kämpfte, nach fünf Jahren aber dennoch starb.

Wenn ich unzufrieden war, bekam das oftmals auch Kerstin zu spüren – besonders an unserem Hochzeitstag. Sie hatte viel von diesem Ehrentag erwartet, überraschte mich mit einem Ausflug nach Wiesbaden, einem netten Essen sowie einem Theaterbesuch. Leider war gerade an diesem Abend die Stimmung zwischen uns ziemlich angespannt. Kerstin fiel in ein emotionales Loch, fing an zu weinen. Ich war mit meinen eigenen Problemen beschäftigt und nicht in der Lage, sie angemessen zu trösten. Im Rückblick verstand ich deshalb Kerstins Aussage: »Selten waren wir so weit voneinander entfernt wie an unserem Hochzeitstag!«

Gut gemeinte Ratschläge

Natürlich merkten nahe stehende Menschen, wie schlecht es mir ging. Sie wollten helfen und drückten mir Informationsschnipsel zur Krebsbekämpfung aus Zeitschriften, Büchern oder Zeitungen in die Hand. Interessant klingende Empfehlungen sprach ich mit meinem Arzt durch, der meistens eher skeptisch reagierte. Er informierte mich lediglich, ob ein alternatives Heilmittel schaden könnte oder nicht. Bezüglich dessen Wirksamkeit wagte er verständlicherweise mangels wissenschaftlicher Beweise keine Angabe. Durch eigene Recherchen konnte ich die empfohlenen »Wundermittel« auch nicht beurteilen.

Insofern verunsicherten mich die vielen Ratschläge eher, als mir zu helfen. Einerseits wollte ich die Chancen der Alternativmedizin gerne nutzen. Wer freut sich nicht über eine Hoffnung auf Besserung? Andererseits machte ich immer wieder schlechte Erfahrungen mit wohl gemeinten Tipps. Oftmals sind die Informationen einseitig und falsch. Nicht selten hörte ich sensationelle Berichte wie: »Bei Frau X hat sich der Tumor nach der Einnahme von Y völlig zurückgebildet.« Keiner weiß jedoch, wie vielen Krebspatienten das entsprechende Mittel Y nichts gebracht hat. Nicht selten wird viel zu viel versprochen! Mir jedenfalls haben weder Bierhefe noch der Reishi-Pilz, weder Glutathion-Kapseln noch Beres-Tropfen, Noni-Saft oder Aloe Vera spürbar geholfen.

Anstatt mein Geld für teure und kaum wirksame »Wundermittel« auszugeben, versuchte ich, mich gesund zu ernähren: Fast täglich trank ich einen frisch gepressten Obstsaft und verzichtete möglichst auf Schweinefleisch, Fertigprodukte, Weißzucker, Weißmehl sowie erhitzte Fette. Außerdem nahm ich Vitamine als Nahrungsergänzungsmittel ein. Doch davon erwartete ich keine Heilung.

Highlights

Da Kerstin und ich uns durch meine anhaltende Schwäche nicht zu sehr begrenzen lassen wollten, planten wir bewusst gelegentliche »Highlights« – Unternehmungen, auf die wir uns besonders freuten. Eines davon war die jährlich stattfindende Konferenz für Gemeindegründung in Rehe, eine viertägige Veranstaltung mit Referaten von erstklassigen Rednern. Ein weiteres »Highlight« war das zweitägige Treffen mit vier Freunden aus der Studienzeit. Die Woche zuvor ging es mir ziemlich schlecht, so dass ich den Termin fast abgesagt hätte. Und schon am Montag nach diesem Wochenende hatte ich wieder Schmerzen. Doch wie so oft schenkte Gott im rechten Moment die nötige Kraft. Ich konnte die Reise nach München antreten. Dort genoss ich unsere angeregte Diskussion über den Sinn des Lebens, Wertvorstellungen und Glaubensfragen.

Etwas wehmütig wurde ich dagegen, als es um berufliche Fragen ging. Dazu konnte ich wenig sagen. Schon ein Jahr lang hatte ich nicht mehr gearbeitet. Mein Anspruch auf Krankengeld war abgelaufen. Ich musste einen Antrag auf Erwerbsunfähigkeitsrente stellen. Zwar waren Kerstin und ich dankbar, dass ich überhaupt eine Rente bekam und wir weiterhin finanziell versorgt waren. Trotzdem war es ein komisches Gefühl, mit 31 Jahren Rentner zu sein – ein Alter, in dem meine Studienfreunde Karriere machten, ein Haus bauten, eine Familie gründeten.

Ein voller Terminplan

Wenigstens langweilig war es mir nicht – trotz Erwerbsunfähigkeit! Es ist kaum zu glauben: Soweit ich die Kraft dazu hatte, war ich fast ständig beschäftigt mit Gemeinde-Angelegenheiten. Ich musste aufpassen, mir nicht zu viel aufzuladen. Schließlich sollte noch genug Zeit für unsere Ehe und für Erholung bleiben. Außerdem war ich nicht annähernd so leistungsfähig wie ein Gesunder!

Unser Terminplan war gefüllt: Am Sonntag gingen wir vormittags in den Gottesdienst, nachmittags hatten wir oft Besuch. Mittwochs stand 14-tägig unser Bibelkreis auf dem Programm, den ich zusammen mit einem Freund leitete. Samstags gestalteten Kerstin und ich zusammen mit zwei anderen Ehepaaren den Jugendkreis – ein Treffen mit 15-22-Jährigen. Wir hatten viel Spaß dabei, mit den jungen Leuten die Bibel zu lesen, zu singen, zu spielen oder uns einfach zu unterhalten. Mit drei von ihnen traf ich mich zusätzlich, um uns über das Leben als Christ auszutauschen. Mir lag es am Herzen, dass unsere Jugend erkennt: »Ein konsequentes Leben mit Christus ist zwar mitunter unbequemer, aber viel lebenswerter als ein Leben ohne ihn.«

Einer der Wochen-Höhepunkte war das gemeinsame Gebet und Abendmahl jeden Dienstag. Oft empfand ich es wie einen Vorgeschmack auf den Himmel. Es lenkte meinen Blick weg von mir und meinen Problemen, hin zu Jesus Christus. Wir dachten gemeinsam nach über seinen Sieg am Kreuz von Golgatha. Ich sagte zu Kerstin: »Diesen Abend will ich möglichst niemals missen, selbst wenn du mich im Rollstuhl hinfahren müsstest.«

Wilfried Plock und Dieter Herrmann, die Leiter unserer Gemeinde, luden mich zusammen mit einigen anderen gläubigen Männern ein, regelmäßig über Gemeindefragen zu beraten und zu entscheiden. Zusätzlich führten sie einen »Ältestenkurs« mit uns durch. Ihr Ziel war es, potentielle Nachfolger auszubilden. Die Tatsache, dass die beiden in mich »investierten«, ermutigte mich sehr. Es offenbarte ihre Hoffnung, dass Gott mich noch immer heilen und in seiner Gemeinde gebrauchen könnte.

In der verbleibenden Zeit versuchte ich, mir ein fundiertes Bibelwissen anzueignen: Ich las die Bibel, Kommentare dazu und gute Bücher. Wenn ich zum Lesen zu müde war, hörte ich auf Kassette aufgenommene Vorträge. Der Kurs »Bibelstudium mit Gewinn« half mir dabei, Predigten besser vorbereiten zu können. Ich stellte fest: Wenn ich meine Predigten gründlich ausarbeitete, profitierten nicht nur andere, sondern vor allem ich selbst. Dann grub ich tiefer als sonst in Gottes Wort. Und je tiefer ich grub, desto besser konnte Gott zu meinem Herzen sprechen.

Mein Ziel war, mich nicht von meiner Krankheit diktieren zu lassen. Kerstin unterstützte mich bei all meinen Aktivitäten, indem sie mir den Rücken frei hielt von anderen Aufgaben wie Einkaufen, Kochen oder Putzen. Außerdem hatte sie die Gabe, mich bei Antriebslosigkeit neu zu motivieren, ohne mich unter Druck zu setzen. Zudem erlebte ich, wie Gott mir die nötige Kraft schenkte, um mich um das Wohl anderer zu kümmern. Der Liedermacher Manfred Siebald spiegelte meine Erfahrung wider in der Formulierung: »Auch der Schwächste kann tragen, was andere bedrückt, wenn er selbst sich von Gott tragen lässt.«

Das »Gemeinde-Nest«

Selbst wenn ich viel Zeit für meine Gemeinde investierte: Ich empfand mich nicht in erster Linie als ein Gebender. Manchmal kam mir zwar der absurde Gedanke: »Gott kann froh sein, dass ich ihm mein Leben zur Verfügung stelle.« Doch beim genaueren Nachdenken wurde mir schnell bewusst, welch ein Vorrecht es ist, dem allmächtigen Gott dienen zu dürfen. Ohne dieses menschliche und geistliche »Nest« Gemeinde wäre ich gewiss unzufrieden und unausgeglichen. Mir würde nicht nur eine Aufgabe fehlen, sondern auch die Wärme, die Liebe und das Mitgefühl, welche ich dort erfahre.

Wie sehr meine Glaubens-Geschwister an unserem Leid Anteil nehmen, wurde beispielsweise deutlich, als Klaus und Hubert Ende November den zweiten Gebetsabend für Kerstin und mich organisierten. Sie konnten einfach nicht tatenlos zusehen, wie es mir stetig schlechter ging. Abermals hat es uns sehr ermutigt, wie unsere Freunde im Gebet für uns kämpften. Sie brachten alle erdenklichen Argumente vor Gott, warum eine Heilung sinnvoll wäre. Viele hatten sich zu Hause vorbereitet und gaben Bibelstellen weiter. Der folgende Vers aus Sprüche 23,26 bewegte mich besonders: »Gib mir, mein Sohn, dein Herz, und deine Augen lass an meinen Wegen Gefallen haben!« Mein Gefühl sagte zwar: »Gott quält mich. Er ist ungerecht!« Doch die Bibel forderte mich auf: »Habe Gefallen an Gottes Wegen! Seine Wege sind perfekt!« Jeden Tag wollte ich mich neu dazu entscheiden, der Bibel zu glauben, nicht meinen Gefühlen – selbst wenn ich Gottes Wege nicht verstand und phasenweise nahezu daran zerbrach.

Mittlerweile war es Anfang Dezember 1999 – Zeit für einen zweiwöchigen Teneriffa-Urlaub. Der Tapetenwechsel und das sonnige Wetter taten gut. Mit einem Mietwagen erkundeten wir die schöne Insel, lagen am Strand oder gingen spazieren. Die Tage waren traumhaft, die Nächte schrecklich: Ich wachte etwa zweistündlich auf mit pulsierenden Kopf- und Rückenschmerzen. Die verordneten Schmerzmittel waren zu schwach, um die Qual abzustellen. Wieder zurück in Mannheim stellte sich auch keine Besserung ein. Deshalb entschied ich mich ohne längeres Grübeln zu einer »leichten« Chemotherapie.

[24] Lebensverlängernde Maßnahmen

Noch vor Weihnachten begannen die wöchentlich einmal stattfindenden Infusionen mit dem Wirkstoff Gemcitabin. Inzwischen wusste ich genau, was auf mich zukommt: Wie immer fuhr ich mit der Straßenbahn in die Praxis von Dr. Brust. Wie immer wurde ich freundlich begrüßt, ließ die benötigten Rezepte vorbereiten und vereinbarte den nächsten Termin. Wie immer saß ich kurz im geräumigen Wartezimmer, bevor ich in das Sprechzimmer von Dr. Brust gerufen wurde. Wie immer ging ich nach dem Arztgespräch in den riesengroßen Behandlungsraum und machte es mir in einem der schwarzen Ledersessel bequem. Wie immer legte mir Marika gekonnt die Infusionsnadel. Wie immer lief die Chemo in mich hinein, während ich in der Zeitschrift Wirtschaftswoche las. Wie immer freute ich mich, als alles vorbei war, und verschwand mit den Worten: »Tschüss – bis bald!«

Dieses Mal verursachte die Chemotherapie kaum Nebenwirkungen, aber auch wenig Wirkung. Zwar ging es mir gesundheitlich zunächst etwas besser.

Doch schon Anfang Februar 2000 stellten sich die altbekannten Beschwerden wieder ein. Nun quälten mich Schmerzattacken allerdings nicht nur nachts, sondern völlig unkontrolliert zu unterschiedlichsten Zeiten. Linderung brachte nur noch Morphium. Mein Körper musste sich erst an diese Droge gewöhnen. So waren die ersten beiden Wochen mit Morphium eher belastend als entlastend: Ich war noch müder als sonst, mir war übel, der Stuhlgang funktionierte nicht mehr richtig und mich quälten Muskel-Verspannungen. Nach dieser Anpassungsphase erfuhr ich schließlich Erleichterung. Es hatte sich gelohnt. Endlich war ich nahezu schmerzfrei.

Dafür traten Probleme mit meinem Blut auf: Die Thrombozyten und die roten Blutkörperchen – der HB-Wert – waren so niedrig, dass Dr. Brust mir eine Blut-Transfusion verabreichen musste. Anders hätte die Chemotherapie nicht fortgesetzt werden können. Besorgniserregend war, dass die Blutwerte schon nach einer Woche wieder genauso schlecht waren wie vor der Transfusion. Dr. Brust sprach von einem Autoimmunprozess. Mein Körper zerstörte seine eigenen Zellen. Das kann tödlich enden! Was nun? Sollte das mein Ende sein?

Gott sei Dank nicht. Dr. Brust hatte die rettende Idee, mir hohe Mengen an Kortison zu verabreichen. Dadurch wurde dieser Selbstzerstörungs-Mechanismus durchbrochen. Trotzdem lag mein HB-Wert dauerhaft weit unter der Norm, was mich todmüde machte. Häufig saß ich nur apathisch in meinem Sessel, den Kopf zwischen die Hände genommen, zu nichts in der Lage. An manchen Tagen schlief ich 16 Stunden.

Kerstin ermutigt mich

Kerstin litt mit, vor allem wenn ich jammerte: »Es ist schrecklich, so dahinzuvegetieren! Wie schön könnte das Leben sein, wenn ich gesund oder zumindest einigermaßen fit wäre. Ich will weder reich sein, noch berühmt, nur ganz normal leben. Aber nein! Nun müssen wir auch noch die dreitägige Gemeindefreizeit absagen, auf die wir uns so gefreut hatten. Ich kann nicht mehr! Kurz und schmerzlos sterben wäre mir lieber als diese jahrelange Qual …« Wie gut, dass Kerstin geduldig zuhörte! Meine Gedanken auszusprechen half mir wieder auf.

Doch es tat mir Leid, meine liebe Frau betrübt zu haben. Sie musste aufgrund meiner Erkrankung ohnehin auf viel verzichten: Kinder; einen starken Mann, der schwere Gegenstände für sie schleppt; Wohlstand; so manche Freizeitaktivität wie Skilaufen … Ich konnte ihr nicht das bieten, was ein gesunder Mann bieten kann. Als ich Kerstin daraufhin ansprach, beteuerte sie mir: »Auf all das lege ich nicht viel Wert. Ich bin wirklich sehr glücklich in unserer Beziehung, unter anderem, weil ich mit dir so gut und offen reden kann.«

Durch den Anblick von Kerstin erinnerte Gott mich täglich: »Ich erhöre Gebet! Und ich meine es gut mit dir. Sonst hättest du nicht solch einen starken Partner und solch eine glückliche Ehe!« Mein Schatz sollte von meiner Dankbarkeit erfahren: »Ich habe es nicht verdient, dich als Frau zu haben. Dich anzusehen, dich zu berühren, mit dir zu sprechen, einfach in deiner Nähe zu sein, hellt meinen dunklen Krankheitsalltag auf! Jeden Tag freue ich mich an dir! Es ist wohltuend, dass du mich trotz all meinen Schwächen, trotz meines körperlichen Verfalls so annimmst und liebst, wie ich bin!«

Der Leberherd wächst trotz Chemo

Ernüchternd war mal wieder das Untersuchungsergebnis nach etwas mehr als zwei Monaten Chemotherapie: Die Metastasen in den Knochen und in der Lunge hatten sich zwar etwas zurückgebildet. Dafür war innerhalb von nur zehn Monaten der »Leberherd« von 3 cm auf 10 cm gewachsen. Ich fing an zu rechnen: Wenn sich der Leber-Tumor mit dieser Dynamik weiter entwickeln würde, könnte ich schon in drei Monaten unter der Erde liegen!

Trotzdem sah ich keine Notwendigkeit, ein Testament zu schreiben. Ich hoffte noch immer, dass Gott mich nicht dem Tod überlassen wird. Immerhin sprach ich nun mit Kerstin über das Sterben. Ich schilderte ihr meine Bedenken: »Du sollst wieder glücklich werden, wenn ich heimgehe. Nur die Vorstellung, dass ein anderer Mann meine Stelle einnimmt, bedrückt mich. Versteh mich bitte richtig: Ich wünsche dir kein lebenslanges Single-Dasein. Im Gegenteil: Du sollst eine besonders harmonische Ehe haben und liebe Kinder. Doch je konkreter ich mir vorstelle, welcher Mann nach mir an deiner Seite leben darf, desto trauriger werde ich …«

Neben meinen Ängsten schilderte ich Kerstin, was ich mir für die Beerdigung wünschte: Wer predigen soll, welcher Bibeltext mir gefallen würde, wie sehr es mir am Herzen lag, dass jeder Trauergast das Evangelium hört. Außerdem klärte ich sie über Bank-Angelegenheiten auf, erteilte ihr Vollmachten für unsere Konten und zeigte ihr, wo sie welche Unterlagen findet. Mein offener Umgang mit dem Tod half ihr wiederum sehr, unsere Situation zu verarbeiten.

Ein weiterer Versuch im Kampf gegen die Metastasen

Erneut stand vor meiner Zukunft ein großes Fragezeichen: Die Chemotherapie mit Gemcitabin musste mangels Erfolg frühzeitig abgebrochen werden. Dank der Einnahme von Kortison fühlte ich mich zwar einigermaßen gut. Aber der Schein trog: Es war anzunehmen, dass der Leberherd weiter wächst. Nichts zu tun wäre deshalb sehr gewagt.

Dr. Brust und ein Arzt der Uniklinik Mannheim empfahlen den baldigen Beginn einer Chemotherapie namens BEACOPP. Dabei handelt es sich um eine bewährte, aber relativ intensive Therapie, bei der ich acht Tage lang jeweils eine Infusion bekommen würde. Nach einer längeren Erholungspause ginge es dann von vorne los. Dr. Brust sagte dazu: »Der einzige Haken ist, dass es zur Behandlung Ihrer Krankheit nur eine begrenzte Anzahl von Wirkstoffen gibt. Ein Großteil davon wurde bereits bei vorhergehenden Therapien eingesetzt. Aus diesem Grund sind Ihre Krebszellen mittlerweile womöglich resistent gegen die in BEACOPP enthaltenen Medikamente und reagieren kaum darauf. Da es an Alternativen mangelt, ist die Therapie zumindest einen Versuch wert. Ganz in Ihrem Interesse könnten wir Sie ambulant behandeln.«

Bereits am Tag danach stand fest: Ich werde dem Vorschlag meiner Ärzte folgen. Am 5. April 2000 bekam ich die erste Infusion. Wiederum empfand ich die Nebenwirkungen der Behandlung als tragbar. Ich litt nur wenige Tage an starker Übelkeit. Zwar fielen meine Haare erneut aus. Doch das bekümmerte mich kaum. Wahrscheinlich hatte ich mich inzwischen an solche Zwischenfälle gewöhnt.

Körperlich ging es schon kurz nach Beginn der Behandlung aufwärts: Ich nahm zwar weiterhin Morphium ein, hatte aber keine Schmerzen mehr und fühlte mich relativ fit. Der Frühling hellte meine Stimmung zusätzlich auf. Wie glücklich war ich in diesen Monaten! Ab und zu wachte ich nachts auf – erfüllt von der Liebe Gottes. Dann dankte ich meinem Herrn von ganzem Herzen dafür, sein Kind sein zu dürfen, für seine weise Führung, für mein Wohlbefinden und für das Gefühl, gebraucht zu werden.

Besonders faszinierte mich, dass Gott die Grenzen unserer Belastbarkeit kennt. Gewiss mutete er Kerstin und mir auf der einen Seite viel zu mit dem Krebs. Aber auf der anderen Seite hielt er uns den Rücken frei von anderen Schwierigkeiten. Beispielsweise waren wir finanziell mit Kerstins Einkommen und meiner Erwerbsunfähigkeits-Rente ausreichend versorgt. Unsere Ehe war harmonisch und stärkend. Die Mitarbeit in unserer Gemeinde lenkte uns ab und befriedigte uns. Wir hatten liebe Freunde und Verwandte, deren Hilfe nur einen Telefonanruf weit entfernt war. Und wir verstanden uns prächtig mit unseren Eltern. Sie vermittelten uns: »Wir sind jederzeit für euch da!« Das drückten sie aus durch ihre regelmäßigen Besuche bei uns, ihre Hilfsbereitschaft und ihr offenes Haus. Bei unseren Eltern waren wir jederzeit herzlich willkommen zu einem »Entspannungs- und Verwöhnwochenende mit Vollpension«. Wie oft kamen wir ausgeruht und ermutigt aus unserer Heimat zurück nach Mannheim!

Durchatmen

Im Mai 2000 fuhren Kerstin und ich eine Woche lang in den Urlaub – zuerst nach München, dann nach Innsbruck – jeweils um gute Freunde zu besuchen. Wir staunten gemeinsam über meinen körperlichen Zustand: Ich konnte ohne Luftnot mehrere Stunden wandern und dabei noch die herrliche Berglandschaft genießen. Besonders viel Spaß hatten Kerstin und ich beim Abstieg vom 2300 Meter hohen Hafelekar im Norden Innsbrucks, als wir im Schnee mehr rutschten als gingen.

Wie schon so oft spornte uns das Vorbild von anderen Christen an: Beispielsweise die Gastfreundschaft von Torsten und Diana, die uns ihr eigenes Bett überließen und selbst auf einer einfachen Schlafcouch übernachteten. Oder der Vortrag von Eva Fellinger, die seit Jahrzehnten an den Rollstuhl gefesselt war und ständig Schmerzen hatte. Trotzdem war sie dankbar: Für die guten Jahre ihres Lebens, für die Hilfe anderer Gläubiger und vor allem für die Gewissheit, von Jesus als Behinderte genauso geliebt und angenommen zu sein wie ein Gesunder.

Unser Urlaub bot auch Zeit und Gelegenheit, auf die zwei Jahre seit meinem Krankheitsrückfall zurückzublicken. Bei allem Schweren hatte Gott uns immer wieder Phasen des Durchatmens geschenkt – Verschnaufpausen, in denen es uns rundum gut ging. Es war ähnlich wie mit den Jahreszeiten: Im letzten Winter hätte man es sich kaum vorstellen können, dass alles wieder anfängt zu blühen. Genauso hätten wir Ende letzten Jahres kaum gedacht, dass wir noch einmal so glücklich sein werden. So sind wir Menschen: Wenn es hart auf hart kommt, schätzen wir unsere Situation allzu schnell als aussichtslos ein.

Die Blüten und die saftig grünen Blätter draußen stimmten uns jedoch zuversichtlich: Nach einer schweren Leidensphase wartet eine »Frühlingszeit« auf uns. Und daran wollten wir uns in Zukunft klammern, besonders wenn es uns wieder einmal schlechter geht. Gott hat alles im Griff. Er ist so weise, uns immer die richtige Mischung zwischen Leid und Glück zu »verordnen«.

Weil es mir so gut ging, dachte ich eines Tages: »Heute werde ich versuchen, ohne Morphium auszukommen.« Gesagt, getan: Ich klebte morgens nicht wie gewohnt mein Durogesic-Pflaster auf den Oberkörper – eine Membran, die Morphium über die Haut an den Körper abgibt. Leider hatte ich meinen Gesundheitszustand falsch eingeschätzt: Ab 16.00 Uhr traten zunächst leichte, dann immer stärker werdende Schmerzen auf. Ich zweifelte: »Hat die Chemotherapie etwa wieder nichts gebracht, wenn ich nach wie vor so starke Schmerzmittel brauche?« Was auch immer die Wahrheit war. Mir blieb vorerst keine andere Wahl, als die Behandlung fortzusetzen.

Umzug

Da wir eine weitere Verschlechterung meines Gesundheitszustandes befürchteten, suchten wir eine andere Wohnung. Unsere damalige Bleibe war klein und ungünstig geschnitten – das Schlafzimmer als Durchgangszimmer. Wie sollte ich unter diesen Umständen zur Ruhe kommen, wenn ich mehr liegen müsste? Außerdem wollten wir in einer ländlicheren Gegend leben, allein schon wegen der Luftverschmutzung in Mannheim.

Im Juli 2000 war es dann so weit. Wir zogen nach Heddesheim in der Nähe von Mannheim um – in eine helle, gemütliche und direkt am Feld gelegene Wohnung. Gott sei Dank hatten wir genug Helfer. Allerdings empfand ich es als beschämend, dass sich meine Eltern so abmühten mit dreckigen, anstrengenden Arbeiten, während ich mit meinen 32 Jahren nur einkaufte und organisierte. Ich musste lernen, Hilfe anzunehmen und meine Schwäche zu akzeptieren. Dazu trug die Gewissheit bei: »Sie tun es gerne, aus Liebe zu uns.«

Erschreckend fand ich, dass mich trotz meiner schweren Krankheit noch Kleinigkeiten belasteten: Ich ärgerte mich, weil unser neuer Computer noch immer nicht richtig funktionierte, obwohl Freunde und Spezialisten in die Reparatur schon viel Zeit investiert hatten. Ich ärgerte mich darüber, dass bei unserem Auto Kühlerflüssigkeit auslief, obwohl es noch nicht alt war. Ich ärgerte mich, wenn Kerstin ihre Bücher und Töpfe nicht aufräumte. Manchmal schimpfte ich sogar, wenn sie eingedrückte Bananen mit nach Hause brachte oder wenn ich tagelang die gleiche Käsesorte essen musste, weil sie zu viel davon gekauft hatte. Und ich ärgerte mich über fallende Aktienkurse. So bewahrheitete sich an manchen Tagen das Sprichwort: »Nicht die Berge sind das Problem, sondern die kleinen Steine in den Schuhen.«

Dankbarkeit

Wie tröstlich, dass auch für solche Kleinigkeiten die göttliche Aussage gilt (1. Kö 12,24): »Von mir ist diese Sache ausgegangen.« Was auch immer mich beschäftigte, sei es mein Krebsleiden, seien es eingedrückte Bananen: Es ist nicht zufällig geschehen. Gott war hinter der Bühne am Werk und verfolgte ein Ziel damit. Als ich meinen Unmut vor ihm ausbreitete, zeigte er mir: »Nicht die anderen oder die Umstände sind Ursache deines Ärgers, sondern deine Ungeduld, dein Perfektionismus, dein Geiz und vor allem dein Stolz.« Je mehr ich versuchte, Gott hinter der Bühne am Werk zu sehen, desto spannender wurde das Leben. Desto mehr sah ich allerdings auch, wie viel es an meinem Charakter noch zu schleifen gab.

Ich fragte mich, wie Krebskranke ohne diesen Glauben an einen souveränen Gott zurechtkommen. Um solche Menschen besser verstehen zu können, las ich das Buch von Michael Lohmann: »Das Jahr, in dem ich nur spazieren ging«. Michael hatte so wie ich Morbus Hodgkin und erlitt drei Rückfälle. In diesem Buch beschrieb er das Auf und Ab in seinem Leben mit dem Krebs. Die Lektüre wühlte mich auf, erschwerte mir das Einschlafen. Ich fand mich in vielen seiner Schilderungen wieder, wurde an so manchen Kampf erinnert. Mancher zweifelnde Gedanke kam hoch: »Haben wirklich allein wir Christen recht? Gott erhört Gebete, ja, er hilft mir im Leid! Aber warum hat er den Krebs überhaupt zugelassen? Wenn er allmächtig ist, hätte er mich doch auch mit sanfteren Methoden erziehen können!« Wie tragisch! So lange lebte ich schon mit Gott, so viel Schönes hatte ich mit ihm erlebt … und dennoch rüttelten solche Fragen an meinem Vertrauen in ihn.

Beim weiteren Nachdenken kam wieder Dankbarkeit auf: Michael Lohmann war auf der Suche nach Glück und Sinn. Ich dagegen hatte es gefunden, als ich mich auf ein Leben mit Jesus Christus einließ. Michael litt an dem Chaos in seinen Gedanken. Ich dagegen konnte Ordnung in das Chaos meiner Gedanken bringen, indem ich die Bibel las. Er war ohne Hoffnung, ich dagegen voller Hoffnung. Welch ein Unterschied! Ich litt körperlich genauso wie er oder wie andere, aber nicht seelisch!

[25] Austherapiert!

Ab Juni 2000 ging es auf der Achterbahn meines körperlichen Befindens wieder bergab: Erneut quälten mich Symptome wie Nachtschweiß, Schmerzen und Müdigkeit. Nicht selten schlief ich selbst beim Essen ein. Oft verzichtete ich auf den Gottesdienst, weil ich nicht die Kraft hatte, aus dem Haus zu gehen. Die Schmerzmittel-Dosis musste erhöht, die Chemotherapie abermals mangels Erfolg abgebrochen werden. Ich fühlte mich ohnmächtig und schwach, dem Tod näher denn je.

Dr. Brust äußerte die von jedem Krebspatienten am meisten gefürchteten Worte: »Ich weiß nicht, was ich noch für Sie tun kann.« Ich bin also austherapiert. Bisher hatte ich zumindest noch eine reale Hoffnung auf Besserung durch mögliche Chemotherapien gehabt. Nun war die Medizin mit ihrer Weisheit am Ende. Wenn jetzt die Schmerzen zunahmen, blieb mir nichts anderes übrig, als die Morphium-Dosis zu erhöhen. Ich betete: »Herr, bitte schenke mir die Kraft, mich ganz eng an dich zu klammern.«

Als ich meinen Eltern alles erzählte, spürte ich regelrecht, wie sehr ihnen das Herz schmerzte. Ihr Mitgefühl tat mir auf der einen Seite unheimlich gut. Auf der anderen Seite konnte ich es kaum ertragen, sie mitleiden zu sehen. Immer und immer wieder betete ich: »Schenke ihnen deinen Frieden, der alle Vernunft übersteigt und bewahre sie davor, aufgrund ihrer Sorgen um mich selbst krank zu werden.«

Kerstin ging mit unserer Situation anders um als meine Mutter oder ich. Während wir im Hinblick auf den Krankheitsverlauf überaus optimistisch waren, stellte sie sich auf den schlechtesten Fall ein. Wenn dieser tatsächlich eintrat, war sie nicht am Boden zerstört. Wenn es besser lief, freute sie sich. Gott hatte sie mit einem robusten Nervenkostüm und einem sehr guten Schlaf ausgestattet. Deshalb war sie genau die richtige Frau für unser »stürmisches« Leben. Manchmal hätte ich mir zwar noch mehr Mitgefühl und Emotionalität von ihr gewünscht. Alles in allem bewunderte ich sie jedoch eher für ihre Nüchternheit und ihr Gottvertrauen!

Trotzdem stieß auch meine liebe Frau immer wieder an ihre Grenzen: Sie musste sich als Krankenschwester auf einer neurologischen Station um viele schwer kranke Krebspatienten kümmern, sah junge Menschen an Krebs sterben. Und nach Feierabend ging das Elend zu Hause weiter. Da war wenig Raum zum Abschalten. Das war einer der Gründe, warum sie sich um eine neue Arbeitsstelle als »Study Nurse« bemühte – mit Erfolg: Schon bald bekam sie eine ideale Stelle in der Herzinfarktforschung der Uniklinik Heidelberg. Nun betreute sie Arzneimittelstudien. Welch ein Geschenk! Die neue Arbeit interessierte sie nicht nur inhaltlich. Sie hatte auch keinen Schicht- und Wochenenddienst mehr, konnte ihre Arbeitszeit frei einteilen und selbstständig arbeiten.

Vitamine helfen

Ende September 2000 begann ich, Vitaminpräparate einzunehmen, vor allem Vitamin C in einer sehr hohen Dosis. Als es mir kurz danach gesundheitlich besser ging, dachte ich zunächst, dies sei auf die natürlichen Schwankungen der Tumoraktivität zurückzuführen. Doch ich wurde eines Besseren belehrt: Eines Tages vergaß ich, rechtzeitig Vitamine nachzubestellen und musste etwa eine Woche lang ohne auskommen. Gerade in dieser Zeit fühlte ich mich zerschlagen und hatte stärkere Schmerzen. Sicherlich sind Vitamine kein »Wundermittel«. Aber mir schienen sie zu helfen.

Zwar hatte ich nach wie vor immer wieder Kopfschmerzen, brauchte viel Ruhe und war nicht besonders belastbar, aber damit konnte ich leben. Immerhin war es jetzt wieder möglich, aktiv am Leben teilzunehmen. Mit der Kraft wuchs auch mein Wunsch, ein Segen für andere Menschen zu sein. So betete ich: »Schenke doch bitte Gelegenheiten, von deinem Wirken in unserem Leben zu erzählen.« Wenige Tage danach bekam ich zwei Anrufe: Von einer Gemeinde in Heidelberg, wo ich an einem Jugendabend zum Thema Leid referieren sollte. Und von einer Brüdergemeinde in Marburg, wo Kerstin und ich in zwei Vorträgen erzählen sollten, wie wir mit meiner Krankheit umgehen. Wie ermutigend zu erleben, was Gott in Johannes 14,14 versprochen hat: »Wenn ihr mich etwas bitten werdet in meinem Namen, so werde ich es tun.«

Ein harter Winter

Nach einigen Wochen des »Durchatmens« stand erneut ein harter Winter vor mir. Offensichtlich ist das nicht ungewöhnlich: »In der dunklen Jahreszeit geht es vielen Krebspatienten schlechter als im Sommer!« merkte Dr. Brust an. Und dieses Jahr verhielt sich der Krebs besonders eigenartig. Nie zuvor schwankte mein Befinden so stark – oft sogar von Tag zu Tag.

Manchmal fühlte ich mich nahezu so vital und leistungsfähig wie ein Gesunder – beispielsweise als ich zusammen mit den Jugendlichen unserer Gemeinde im Gefängnis sang und kurz aus meinem Leben berichtete. Oder als ich im Rahmen des Leitungskreises einen ganzen Tag lang über die Zukunft unserer Gemeinde beriet. Häufig hörte ich sogar die Äußerung: »Man merkt dir nichts von deiner Krankheit an.« Doch was die wenigsten sahen: Bereits am nächsten Tag fühlte ich mich dem Tode nahe. Dann war ich so schwach, dass ich fast nur noch apathisch im Bett lag und selbst ein Arztbesuch wie eine unüberwindbare Hürde vor mir stand.

Weil mein Gesundheitszustand so unterschiedlich war, beging ich den Fehler, mir an guten Tagen zu viele Aufgaben aufzuladen. Ich musste einerseits lernen, Prioritäten zu setzen und öfter »nein« zu sagen in dem Bewusstsein, dass es mir schon bald wieder elend gehen könnte. Andererseits wollte ich mich nicht ganz zurückziehen, sondern Gott dienen und ihm vertrauen, der weiterhin zur rechten Zeit die nötige Kraft schenken kann – so wie er es in der Vergangenheit schon oft getan hatte.

An meinen schlechten Tagen traten nun neben den bekannten Symptomen vermehrt Schmerzen in der Lebergegend auf. Hinzu kamen eine Nagelbettentzündung an der rechten Zehe und eine starke Erkältung mit Bronchialasthma. Durch die regelmäßige Einnahme von Vitaminen war ich zwar nicht mehr so erkältungsanfällig wie früher. Aber ein- bis zweimal pro Jahr fing ich mir trotzdem eine schwere Grippe ein.

Wenn ein Kranker krank wird

Dieses Mal hatte mich wahrscheinlich Kerstin angesteckt, die bereits seit einigen Tagen erkältet war. Schade: Sie hatte extra Abstand von mir genommen und die letzten Nächte im Wohnzimmer geschlafen, um das zu vermeiden. Ohne Erfolg! Meine Lunge war so verschleimt und verkrampft, dass ich unter massiver Atemnot litt. Im Liegen bekam ich fast keine Luft. So schlug ich mir die Nacht im Sitzen um die Ohren: Ich war todmüde, konnte jedoch nicht schlafen, so sehr rasselten meine Bronchien. Meine Lungen schmerzten vom anhaltenden Husten. Angst vor dem Ersticken quälte mich. Ich nahm noch einen Hub meines Asthmasprays, obwohl ich die Höchstdosis schon längst überschritten hatte. Allerdings brachte das nur für kurze Zeit Erleichterung. Ungeduldig ging ich in der Wohnung auf und ab, schaute aus dem Fenster auf das gegenüberliegende Hochhaus: Ein Licht nach dem anderen ging dort aus, unsere Nachbarn legten sich schlafen. »Sie wissen gar nicht, wie gut sie es haben«, dachte ich. Gegen 5.00 Uhr morgens gingen die ersten Lichter wieder an, die Leute fuhren zur Arbeit. »Vielleicht schimpfen sie darüber. Doch ich beneide sie. Viel lieber würde ich jeden Tag früh morgens aufstehen und hart arbeiten, als mit Schmerzen hier zu sitzen und nach Luft zu schnappen. Ist das Leben nicht ungerecht?« Ich wünschte, die Gesunden müssten wenigstens mal einen Tag das Gleiche durchmachen wie ich. Gewiss wären sie dann dankbarer.

Wie froh war ich, als endlich die Sonne aufging, obwohl heute alles schwerer fiel als sonst ... selbst das Duschen oder das Ankleiden. Ständig musste ich innehalten und nach Luft schnappen. So machte das Leben keinerlei Freude. Als Kerstin aufstand, machte sie mir ein Fußbad für meine entzündete Zehe und bereitete das Frühstück zu. Ich brauchte sie, konnte ihre Hilfe gut annehmen, weil sie alles wie selbstverständlich erledigte, völlig unkompliziert. Christine, eine befreundete Krankengymnastin, empfahl mir den Pascha-Sitz – eine Körperposition, die das Atmen erleichtert. Und mein Hausarzt verschrieb Tabletten zur Erweiterung der Bronchien. So erfuhr ich Erleichterung, konnte nachmittags wenigstens zwei Stunden schlafen. Das Schlimmste schien überstanden zu sein. Dennoch zog sich meine Bronchitis und die durch den massiven Husten verursachte Rippenfell-Entzündung noch zwei weitere Wochen hin.

Eine Weihnachts-Überraschung

Gott sei Dank war ich an Weihnachten fit genug für einen Tapetenwechsel: Wir verbrachten geruhsame Feiertage bei Kerstins Eltern. An Heiligabend bekam ich von meinem Schatz einen großen Karton geschenkt. Zunächst rätselte ich, als daraus meine eigene Kleidung zum Vorschein kam. Erst der am Boden der Schachtel versteckte Gutschein offenbarte: Kerstin hatte für uns eine Woche Nordsee-Urlaub organisiert und in dem Karton alle dazu nötigen Utensilien verpackt. Gleich nach Weichnachten wollte sie mit mir vom Siegerland aus gen Norden weiterfahren. Welch eine Überraschung! Selten hatte ich mich so sehr gefreut.

Die Tage am Meer waren gefüllt mit Lesen, Spazierengehen und Teetrinken. Höhepunkt war der Jahreswechsel 2000/2001. Kerstin hatte elf gute Freunde eingeladen, die mit uns in unserem Ferienhaus ein schönes Silvesterwochenende verbrachten. Mal wieder staunte ich, welch ein Juwel meine Frau ist.

Wieder zu Hause litt ich unter zunehmenden Schmerzen und einer extremen Erschöpfung. Oft lag ich halb wach, geistig abwesend in meinem Sessel. Kleinste Aktivitäten wurden zu schwersten Lasten. Selbst im Gottesdienst konnte ich mich kaum wach halten, geschweige denn konzentrieren. Nichts machte richtig Freude.

Am liebsten hätte ich mich den ganzen Tag in mein Bett verkrochen und geschlafen, um keine Schmerzen zu spüren – oder ferngesehen, um nichts denken zu müssen. Alles andere schien zu anstrengend. Wenn ich faulenzte, fühlte ich mich allerdings auch unwohl. Zum einen kam ich durch Schonung und Bettruhe nicht zu Kräften. Trägheit machte mich eher noch lustloser und trauriger. Zum anderen hatte ich den Eindruck, dass der Krebs bei Inaktivität schneller wächst, weil ich ihm meine ganze Energie überlasse.

Es lohnt sich, zu überwinden

So war ich innerlich zerrissen – wollte gerne aktiv sein, konnte aber nicht so, wie ich wollte. Das erschwerte das Tragen meiner Krankheit. Ich war frustriert. Was sollte ich tun? Gerne würde ich am Ende meines Lebens wie Paulus sagen können (2. Tim 4,7): »Ich habe mit vollem Einsatz gekämpft.« Gerne würde ich vom Herrn Jesus die Worte hören (Mt 25,21): »Du warst tüchtig und zuverlässig. In kleinen Dingen bist du treu gewesen, darum werde ich dir größere Aufgaben anvertrauen.« Darum entschied ich mich, mein Bestes zu geben. Das gelang mir zwar nicht immer. Aber wenn es gelang, wurde ich dafür beschenkt.

Beispielsweise war ich an der Reihe, die nächste Predigt zu halten. Zwei Tage zuvor war noch einiges vorzubereiten, doch ich konnte nicht, wegen starker Kopfschmerzen und Schwäche. Kerstin sagte daraufhin zu mir: »Es wäre ein Wunder, wenn du am Sonntag auf der Kanzel stehst.« Als am Samstag zunächst keine Besserung eintrat, bemühte ich mich um einen Ersatz-Prediger. Um 16.00 Uhr ging es mir schließlich gut genug, um mich an den Schreibtisch zu setzen. Das Undenkbare geschah: Gott schenkte mir einen klaren Kopf und die nötige Kraft, um die Vorbereitungen abzuschließen und am kommenden Tag zu predigen. Danach war ich zwar völlig erschöpft, aber zufrieden.

Ähnliches erfuhr ich mehrmals beim Besuch von Gemeindeveranstaltungen. Eines Tages wäre ich auf dem Weg zum Gebetskreis fast umgekehrt, so erschlagen war ich. Außerdem hatte ich keine Lust. Ich war schon am Wenden, als mir plötzlich in den Sinn kam: »Nein! Satan will ich keinen Sieg gönnen!« So fuhr ich weiter und erlebte einen besonders bereichernden Abend: Wir hielten gemeinsam das Abendmahl und beteten Gott an. Dabei wurden meine eigenen Nöte kleiner. Jesus Christus wurde größer, rückte in den Fokus meiner Gedanken. Ich konnte völlig abschalten. Danach tauschten wir Gebetsanliegen aus. Es belastete mich zwar ein wenig, als andere von ihren Schwierigkeiten berichteten. Aber es machte mir gleichzeitig neu bewusst: »Es ist nicht ungewöhnlich, wenn Christen leiden – du bist nicht der Einzige. Wir leben nicht im Paradies.« Das Beten füreinander verhalf mir zu neuem Mut. Sogar die Müdigkeit und die Bauchschmerzen vergingen. Und das war nur eine von vielen Situationen, in denen ich erlebte: »Es lohnt sich zu überwinden!«

Vielfach konnte ich dagegen nicht das gewollte Pensum an Aufgaben erledigen. Gerne hätte ich alte und einsame Menschen besucht, mehr gepredigt, mich verstärkt um unsere Jugend gekümmert. Zeit dazu hatte ich – ganz im Gegensatz zu all jenen, die berufstätig sind. Doch mein Körper spielte nicht mit. Mir fehlte die Kraft. Und das tat weh!

Die folgende Wahrheit wirkte wie Balsam auf meine Seele: »Gott gibt uns zwar nicht die Kraft zu allem, was wir tun wollen, aber zu allem, was wir tun sollen.« Wie befreiend! Jesus Christus kennt mein Wollen. Wenn er mir dazu keine Kraft gibt, soll offenbar jemand anderes die Arbeit übernehmen – oder sie kann unerledigt liegen bleiben. Mein anhaltendes Gebet war: »Bitte zeige mir, wie ich meine kleine Kraft einsetzen soll. Hilf mir, genau das zu tun, was du für mich vorgesehen hast.« Und wenn ich tatsächlich mal zu absolut nichts in der Lage war, hielt ich mich an die Aussage des China-Missionars Hudson Taylor (1832-1905): »Ich bin zu schwach, um zu denken und um zu beten, aber ich kann vertrauen.«

Gottes Charakterschule

Wie entlastend: Mein Gott beurteilt mich nicht nach meiner Leistung. Ihm kommt es nicht in erster Linie darauf an, was ich tue. Viel wichtiger ist ihm, was ich bin, dass ich seinem Sohn Jesus ähnlicher werde (Röm 8,29). Und diese Verwandlung geschieht nicht aus meiner Kraft oder Anstrengung. Vielmehr gab ich Gott vor einigen Jahren die Zustimmung, mich charakterlich zu formen, egal wie schmerzhaft es ist (Röm 12,1). Und ich wiederholte diese Zustimmung mehrmals im Gebet. Seitdem arbeitet er an mir. Meine Verantwortung in diesem Prozess ist lediglich, Jesus Christus gehorsam zu sein und über ihn und seine Wohltaten nachzudenken. Denn was wir denken und was wir anschauen prägt unser Leben.

Nicht vermutet hätte ich hingegen, dass der Preis für Gottes Charakterschule so hoch sein kann. Der Apostel Paulus hatte seine Gefängnisketten, Eva Fellinger ihren Rollstuhl und ich meine unheilbare Krebserkrankung. Dennoch bat ich Gott: »Mach weiter! Ich möchte keine Lektion abkürzen, die du für mich vorgesehen hast.« Nichts kann ich in den Himmel mitnehmen. Das letzte Hemd hat keine Taschen und keine Namensschilder mit der Aufschrift »Doktor«. Aber meine Persönlichkeit bleibt mir erhalten. Deshalb: Was gibt es Wertvolleres, als den allmächtigen Gott an mir wirken zu lassen, so wie er es für gut hält?

Der Krebs ist unberechenbar

Im Frühjahr 2001 hoffte ich auf Besserung – ähnlich wie das in den letzten Jahren der Fall war. Doch der Krebs ist unberechenbar. Es wurde immer schlimmer! Von Herbst 2000 bis April 2001 musste ich die Morphium-Dosis verachtfachen! Es fiel schwer, mir einzugestehen, wie steil es gesundheitlich bergab ging. Vor allem nachts hatte ich häufig unerträgliche Schmerzen, wie zum Beispiel vom 22. auf 23. März 2001:

»Wenn ich jetzt eine Pistole zur Hand hätte, würde ich mich erschießen«, dachte ich, als ich um 2.00 Uhr aus dem Tiefschlaf gerissen wurde. Dabei hatte ich vor dem Schlafengehen zusätzlich zur normalen Dosis 60mg Sevredol – ein Morphium-Präparat – und andere Schmerzmittel geschluckt, um die Nacht besser zu überstehen. Trotzdem erlebte ich jetzt so etwas wie die Hölle auf Erden. Es war, als ob jemand mit der Bohrmaschine meine Hüfte und die Lendenwirbel zerstören wollte. Dieser pochende Schmerz strahlte auf den ganzen Körper aus – bis in den Unterschenkel, bis in den Kopf. Ich konnte fast nicht sprechen, mich nicht mehr bewegen und kaum noch atmen – nur noch weinen und nach Luft hecheln. Jeder Muskel war angespannt, der ganze Körper verkrampft. Kerstin gab mir aus Verzweiflung Paracetamol und Kortison – es half nichts. Als ich nach Morphium winselte, gab sie mir noch mal 40mg Sevredol – ohne Erfolg. Sie legte mir eine brühend heiße Wärmflasche auf den Rücken – keine Linderung. »Ich halte das nicht mehr aus«, ächzte ich zu Gott. »Lass mich leben oder sterben. Aber bitte befreie mich aus diesem schrecklichen Zustand!«

Kerstin fing an zu weinen, wollte den Notarzt rufen. Ich stimmte zunächst zu, rief dann jedoch: »Ich will nicht ins Krankenhaus.« Nach einer halben Stunde ließen die Schmerzen ganz langsam nach. Welch eine Wohltat! Allerdings konnte ich mich noch immer kaum bewegen. Kerstin schleppte unseren Ledersessel ins Schlafzimmer und half mir vom Bett in den Sessel. In aufrechter Position konnte ich etwas besser atmen. Ich döste ein wenig ein. Kerstin stellte den Wecker auf 4.00 Uhr mit dem Hinweis: »Falls sich dann wieder eine Schmerzattacke ankündigt, kannst du frühzeitig eine weitere Dosis Morphium einnehmen und dadurch einer weiteren Schmerzspitze vorbeugen.« Der Wecker klingelte: Gott sei Dank – abgesehen von einem starken Druckgefühl im Kopf ging es mir erträglich. Erneut stellten wir den Wecker – nun auf 5.00 Uhr morgens. Um diese Zeit nahm ich so wie jeden Tag Vitamine sowie Schmerzmittel ein und aß eine Kleinigkeit dazu, um meinen Magen zu schonen. Anschließend ging es zurück ins Bett: Noch drei Stunden Schlaf und die Nacht war vorbei.

Völlig gerädert duschte ich, aß mein Müsli, versuchte, mir wenigstens einen Bibelvers zu merken und ging mit diesem Gedanken spazieren. Wie gut die Gemeinschaft mit meinem Herrn tat! Wie gut, dass ich ihm ohne Hemmungen meine Not klagen durfte: »Wie oft habe ich um Bewahrung vor einer langen Leidenszeit gebetet? Nun widerfährt mir genau das Gegenteil.« Mein Glaube betete: »Dein Wille geschehe.« Meine zweifelnden Gedanken erwiderten: »Muss dein Wille dem meinigen so oft entgegengerichtet sein?

Sicher: Du hast schon viel Gutes bewirkt durch meine Krankheit. Die Not hat mich tiefer in deine Arme getrieben. Aber gab es dafür wirklich keinen anderen, leichteren Weg? Du bist doch allmächtig! Ich bin kein Glaubensheld, der diese Quälerei jahrelang durchhält und noch dankbar dafür ist! Ich flehe dich an: Halte mich nahe bei dir! Gib mir Kraft zum Durchhalten. Sonst verzage ich.«

Leider folterte mich schon am Nachmittag die nächste Schmerzattacke – wenn auch weniger intensiv. Ich war den Tränen nahe: »Wann hat dieses Elend ein Ende? Ich kann nicht mehr! Der Krebs verschlingt mich. Die Schmerzen machen mich kaputt! Was hat das mit Liebe zu tun?« Natürlich wusste ich, dass in der Bibel steht: »Gott ist Liebe.« Aber mit diesem Wissen konnte ich in jenem Moment nichts anfangen, es tröstete mich nicht.

Liebe ist mehr als Güte

Weil ich nicht mehr vorwärts glauben konnte, versuchte ich, rückwärts zu glauben. Ich erinnerte mich an all das Gute, was Gott in meinem Leben getan hatte – angefangen von meiner schönen Kindheit bis hin zum Geschenk der Ehe mit Kerstin. Selbst in meinen Krankheitsjahren nahm die Freude mehr Raum ein als die Niedergeschlagenheit.

Warum zweifelte ich trotzdem immer wieder an Gottes Liebe – besonders nach Enttäuschungen oder wenn ich die Schmerzen nicht mehr ertragen konnte? In dem Buch »Über den Schmerz« von dem englischen Dichter, Philosoph und Gelehrten C.S. Lewis fand ich eine Antwort: Ich zweifelte, weil ich vom Denken unserer Gesellschaft beeinflusst bin. Die meisten Menschen verstehen unter Liebe so etwas wie Güte. Wir hätten gerne einen Gott, der zu allem, was wir wollen, sagt: »Geb' ich dir gerne – Hauptsache du bist glücklich und zufrieden.« Aber nicht, was wir hier und jetzt Glück nennen, ist das Ziel Gottes mit uns. Gott will uns nicht das geben, was wir zu brauchen meinen. Er will uns das geben, was wir wirklich brauchen. Er will nicht unsere oberflächlichen Wünsche befriedigen, sondern die tiefsten Sehnsüchte unseres Herzens. Dazu gehört, ihn schätzen und lieben zu lernen, ihn anzubeten. Das ist unsere höchste Bestimmung.

Dieses Ziel, seine Kinder zu Anbetern zu machen, erreicht Gott unter anderem durch Schwierigkeiten. Es klingt paradox, doch ich kann bezeugen: Obwohl ich in notvollen Situationen nicht selten mit Gott haderte – gerade in der Not lernte ich Gott besser kennen. Je besser ich ihn kannte, desto fester war ich davon überzeugt, dass er mich liebt. Und je mehr ich von seiner Liebe zu mir überzeugt war, desto mehr liebte ich ihn, desto mehr betete ich ihn an.

Das Nachdenken über Gottes Pläne verfestigte meine Überzeugung: Ein glückliches Leben besteht nicht darin, dass man gesund und reich ist oder ein gesetztes Ziel erreicht, sondern darin, dass man glaubt und erfährt, dass Gott einen ganz persönlich liebt. Nichts kann die Erfahrung dieser Liebe übertreffen.

Strahlen gegen den Schmerz

Um die anhaltenden Schmerzen besser in den Griff zu bekommen, folgte ich dem Rat von Dr. Brust und sprach in der Schmerzambulanz sowie in der Radiologie der Uniklinik Heidelberg vor. Dort wurde ein ganzes Bündel von Maßnahmen geschnürt: Zum einen stellten die Ärzte meine Schmerztherapie neu ein. Zum anderen sollte ich im Hüftbereich vier Wochen lang werktäglich bestrahlt werden. Untersuchungen offenbarten nämlich Knochenmetastasen als wahrscheinliche Ursache meiner Schmerzen. Der Wirbelsäulen-Herd konnte leider nicht mehr bestrahlt werden, weil mein Rückenmark bereits bei der Behandlung in Nürnberg die medizinisch maximal vertretbare Strahlendosis abbekommen hatte. Mein Becken war dagegen bislang von den harten Strahlen verschont geblieben.

Frau Dr. Gutwein von der radiologischen Abteilung nahm bezüglich meines Gesundheitszustandes kein Blatt vor den Mund: »Wir hoffen, durch eine Bestrahlung Ihre Schmerzen und das Risiko von Knochenbrüchen reduzieren zu können. Eine realistische Aussicht auf die vollständige Rückbildung der Metastasen besteht allerdings nicht. Im Gegenteil: Wenn der Tumor in der Wirbelsäule weiter wächst, könnte sogar eine Querschnittslähmung eintreten. Obendrein dürfen Sie nichts Schweres mehr heben, weil sonst Ihr Oberschenkelhals brechen könnte.« Der Gedanke, womöglich bald im Rollstuhl zu sitzen, deprimierte mich. Andererseits dankte ich Gott: Entgegen allen Erwartungen gab es immerhin noch eine Hoffnung auf Linderung der Schmerzen.

Anfangs vertrug ich die Bestrahlungstherapie relativ gut. Im Laufe der Zeit traten jedoch neben Übelkeit auch Verbrennungen am Darmausgang auf, was den Stuhlgang sehr beschwerlich machte. Außerdem fühlte ich mich unwohl und extrem müde, gewiss auch, weil ich während der Behandlung kein Vitamin C einnehmen durfte.

Was das Ergebnis der Bestrahlung anbetrifft, erlebte ich Ähnliches wie bei den letzten Chemotherapien: Nach anfänglicher Besserung wandte sich gegen Mitte der Behandlung das Blatt. Die Schmerzen nahmen wieder zu und verlagerten sich von der Hüfte auf die Lunge und den Kopf. Zeitweise hatte ich das Gefühl, jemand würde mir den Brustraum abschnüren.

Was die Bestrahlungstherapie nicht erreichte, glich die medikamentöse Schmerztherapie aus: Die Einnahme eines Cocktails verschiedener Tabletten steigerte mein Wohlbefinden. Diese Erfahrung stärkte mein Vertrauen in die Methoden der modernen Medizin, der ich in den vergangenen Jahren eher skeptisch gegenübergestanden hatte. Wiederholt sagte ich zu Kerstin: »Ich verstehe nicht, wie Menschen eine Krebskrankheit überstanden haben, als es noch keine derart wirksamen Schmerzmittel gab!« Noch weniger konnte ich fassen, dass Jesus Christus bei seiner Kreuzigung auf das angebotene Betäubungsmittel verzichtete. Er wollte offenbar bei vollem Bewusstsein leiden – vielleicht um selbst für die schlimmsten aller vorstellbaren Schmerzen Verständnis zu haben. Unbegreiflich, dass er solche Qualen für Menschen wie mich auf sich nahm!

[26] Rückblick, Vorausblick und Aufblick

Körperlich war nun ein erträglicher Zustand hergestellt. Geistlich hingegen hatte ich noch einiges zu lernen. Die nächste Lektion betraf das Thema Gehorsam. Beim Lesen in der Bibel fiel mir auf, wie viel Wert Gott darauf legt. Ich fragte mich: »Warum finden durch mich keine Menschen zum lebendigen Glauben? Warum geht es gesundheitlich bergab, obwohl so viel für mich gebetet wird? Steht Sünde zwischen Gott und mir? Blockiere ich durch Ungehorsam den Segen Gottes?«

Ich füllte meine Steuererklärungen Jahr für Jahr akribisch genau aus, um dem Kaiser zu geben, was des Kaisers ist. Schwarz kopierte Computerprogramme hatte ich von meinem PC gelöscht und die nötige Software regulär gekauft. Auch sonst versuchte ich, mich an Gottes Weisungen zu halten. Aber wie sollte ich mit meinen »Altlasten« umgehen? Ich forschte in der Bibel und fand im Neuen Testament kein ausdrückliches Gebot wie: »Du sollst in der Vergangenheit begangene Sünden bereinigen.« Jesus Christus hat die Strafe für all meine vergangenen und künftigen Sünden mit seinem kostbaren Blut bezahlt. Dennoch ist Wiedergutmachung ein biblisches Prinzip: Wenn ich jemanden belogen habe, sollte ich das nicht nur vor Gott bekennen, sondern auch die betroffene Person um Entschuldigung bitten. Und wenn ich jemanden bestohlen habe, sollte ich ihm das Geld zurückgeben.

Vergebung und Wiedergutmachung

Im Gespräch mit Gott dachte ich immer wieder an die Finanzierung meiner Ausbildung durch BAföG und durch Stipendien – obwohl es schon viele Jahre zurücklag. Hätte ich damals die Antrags-Formulare korrekt ausgefüllt, wäre ich nahezu leer ausgegangen. Zwar sah ich meine Krankheit nicht als Folge dieser unbereinigten Sünde, doch ich war überzeugt: »Der Geist Gottes legt seine Finger auf eine offene Wunde und erwartet Gehorsam. Wenn ich seine Anweisungen ignoriere, leidet meine Beziehung zu Gott darunter.«

Aber anstatt die Angelegenheit zu bereinigen, argumentierte ich mit Gott: »Wenn mir damals beim Ausfüllen der Formulare bewusst gewesen wäre, dass meine paar Mark Vermögen auf die Ausbildungsförderung angerechnet werden, hätte ich mir ein Auto geleistet, anstatt zu sparen. Außerdem: Wie verschwenderisch geht mancher Politiker mit unseren Steuergeldern um. Warum sollte ich kleiner Mann unter solchen Umständen mein BAföG zurückbezahlen? Ist es nicht sinnvoller, stattdessen einen größeren Betrag zu spenden?« Dennoch: Wie ich es auch drehte und wendete – Tatsache war, dass ich den Staat betrogen hatte.

Weil mir das Offenlegen der ganzen Wahrheit zu schwer fiel, bekannte ich dem BAföG-Amt zunächst nur eine von zwei Falschangaben. Daraufhin musste ich einen Teil meiner Ausbildungsförderung zurückbezahlen, hatte jedoch meine Vergangenheit nur halb bereinigt. Ich handelte so wie der Bauer, der zwar gestand, einen Strick gestohlen zu haben, der aber die Kuh verschwieg, die an den Strick gebunden war.

Gott musste mehrmals seine Finger auf die BAföG-Wunde legen, bis ich endlich offen über die »Kuh« sprach. So gerne ich meine Sünde vergessen, klein geredet oder versteckt hätte – mein Herr ließ nicht mit sich handeln. Immer wieder stellte er mir die Angelegenheit vor Augen. Einmal gebrauchte er dazu einen Bekannten, der von der Nachzahlung hinterzogener Steuern erzählte. Ein anderes Mal flüsterte er mir im Gebet zu: »Jetzt hör auf, dich zu quälen! Die Sünde muss bereinigt werden, damit sie nicht dein Inneres und dein Unterbewusstsein bestimmt und verkrüppelt.«

Letztlich siegte Gott. Ich zerbrach, konnte nicht mehr anders, als konsequent alles zu bereinigen. Als der Geständnis-Brief an das BAföG-Amt endlich versandt war, als ich die Anrufe bei den Stiftungen erledigt hatte, fühlte ich mich so gut wie selten zuvor. Ich spürte Erleichterung, mein Gewissen kam wieder zur Ruhe. Noch dazu war Gott unfassbar großzügig mit mir: Die erhaltenen Stipendien musste ich überhaupt nicht, das BAföG nur zum Teil zurückbezahlen. Wie geduldig und weitherzig mein Gott ist! Ihm wollte ich auch in Zukunft gehorsam sein, koste es, was es wolle.

Krebs im Kopf?

Bis kurz vor unserem Sommerurlaub 2001 ging es mir gesundheitlich relativ gut. Dann belasteten mich allerdings starke und lang anhaltende Kopfschmerzen. Ich kam nicht umhin, meinen Kopf gründlich untersuchen zu lassen. Sollte der geplante Urlaub etwa wegen Gehirn-Metastasen ins Wasser fallen? War die Vorfreude die einzige Freude, die uns vergönnt war?

Ich war erstaunlich ruhig, als ich in der radiologischen Praxis zur Kernspintomographie erschien. Doch die Untersuchung selbst hasste ich. Sie wäre nichts für Leute mit Platzangst. Man wird in einen engen Tunnel gequetscht, muss dort etwa 20 Minuten ruhig liegen und hat das Gefühl, gleich zu ersticken. Das Resultat: »In Ihrem Kopf ist kein Tumor zu sehen!« Sofort sandte ich ein Stoßgebet gen Himmel: »Vielen, vielen Dank, lieber Herr Jesus!« Jetzt stand unserem Schweiz-Urlaub nichts mehr im Wege.

Die erste Woche verbrachten wir mit sechs guten Studienfreunden in einer urigen Hütte in Adelboden. Wir hatten uns lange nicht gesehen. Endlich war mal wieder Zeit zum Reden und Lachen. Das traumhafte Wetter nutzten wir zum Wandern in der herrlichen Umgebung. Weil unsere Ausflüge für mich ziemlich anstrengend waren, ließen Kerstin und ich unsere zweite Urlaubswoche in Schönried bewusst gemütlich angehen. Nachdem wir einige Tage lang viel gelesen und geruht hatten, konnte ich mich jedoch nicht mehr bremsen und schlug Kerstin vor: »Heute mieten wir uns Mountainbikes und radeln zum Arnensee.« Die Tour auf den recht hoch gelegenen Gebirgssee war wie ein schöner Traum, der Preis dafür eher ein Alptraum: Zurück in der Ferienwohnung fühlte ich mich total elend. Stehen konnte ich nicht, weil ich zu schwach dazu war. Sitzen oder liegen konnte ich auch nicht, weil ich nicht zur Ruhe kam. Es war, als ob die Muskeln in sich zusammenfallen. Außerdem war mir übel. So fertig war ich schon lange nicht mehr!

Keine Frage: Meine Kondition hatte in den letzten Jahren stark nachgelassen. Schon bei kleineren Anstiegen litt ich unter Luftnot. Ältere Menschen – zweieinhalb mal so alt wie ich – überholten mich beim Treppensteigen. Allzu oft dachte ich an die Zeit vor dem Krebs zurück. Wie fit ich damals war! Wie gerne würde ich den Kalender sechs Jahre zurückdrehen. Wehmütig beobachtete ich andere junge Leute, die mit Mountainbikes auf den Bergen herumflitzten. Ist das Leben nicht ungerecht?

Gibt es Gerechtigkeit?

Je nach Gemütslage dachte ich einmal: »Andere ernähren sich ungesund, trinken Alkohol, rauchen, nehmen Drogen, suchen nur ihr eigenes Vergnügen, spotten über Gott und bleiben trotzdem gesund. Ich dagegen verzichte auf alle Genussmittel außer Kaffee, versuche, mich an Gottes Weisungen zu halten und habe mit 33 Jahren solch eine furchtbare Krankheit.« Ein andermal dachte ich: »Warum geht es mir so gut? Wie viele Menschen leiden unter Armut? Wie viele müssen hungern? Wie viele sind einsam? Wie wenige kennen Jesus Christus? Warum hat Gott gerade mir diese Sprungbrett-Karriere gegönnt – von einem verlorenen Sünder zu seinem geliebten Kind?«

Nein, auf diesem Planeten gibt es keine Gerechtigkeit! Wie tröstlich, dass die Bibel sinngemäß sagt: »Gott wird für einen Ausgleich sorgen. Allerdings erst nach diesem irdischen Leben.« Dann wird Jesus Christus jeden einzelnen Menschen richten, und zwar nach genialen Prinzipien. Wenn es um unser ewiges Schicksal geht, ist allein der Glaube an Jesus ausschlaggebend: Wer an ihn glaubt, kommt in den Himmel, wer nicht glaubt in die Hölle (vgl. Joh 3,16-18). Wenn es dagegen um die Höhe des Lohnes oder die Höhe der Strafe geht, werden Werke zur Beurteilung herangezogen (vgl.1. Kor 3,8.11-15; Off 20,12-13).

Als ich darüber nachdachte, wurde ich unsagbar froh. Meine Wohnung im Himmel ist sicher, obwohl ich selbst nichts dazu beigetragen habe. Das heißt allerdings nicht, dass es egal ist, wie ich lebe. Im so genannten Preisgericht wird Jesus festlegen, ob ich Lohn bekomme oder nicht und wie viel Lohn ich bekomme. Zur Beurteilung wird mein Leben bis ins letzte Detail durchleuchtet. Nichts bleibt unberücksichtigt – auch nicht meine Krankheit und meine Schwachheit.

Auf dieser Erde ist der Ehrliche oftmals der Dumme. Wer Steuern hinterzieht, Schwarzarbeiter beschäftigt oder von Notlügen Gebrauch macht, kommt leichter durchs Leben. Wer vorwiegend seine eigenen Wünsche erfüllt, hat ein bequemeres Leben als jener Christ, der mit aller Kraft Gott dient. Wer gesund ist, hat in vielerlei Hinsicht ein schöneres Leben als ich. Aber nach dem Tod wird Gott für einen Ausgleich sorgen. Meine Probleme werden mir nicht ins Grab folgen. Unbeschreibliche Freude wartet auf mich. Sobald ich über dieses kurze Erdenleben hinausblickte, verstand ich: »Du bist einer der glücklichsten und beschenktesten Menschen der Welt.«

Gott hat alles im Griff

Aber nicht nur der Vorausblick, auch der Rückblick ermutigte mich. Kein Wunder, dass schon die Israeliten von Gott wiederholt an seine Wohltaten und Wunder in der Vergangenheit erinnert wurden. Zum Beispiel als das Volk 40 Jahre Wüstenreise hinter sich hatte (5. Mo 8,4-5): »In diesen vierzig Jahren ist eure Kleidung nicht verschlissen, und eure Füße sind nicht geschwollen. Daran könnt ihr erkennen, dass der Herr, euer Gott, es gut mit euch meint. Er erzieht euch wie ein Vater seine Kinder.«

Bei mir war es nicht anders: Seit fünf Jahren war ich nun schon krank. Einerseits musste ich viel leiden und häufig die Schmerzmittel-Dosis erhöhen. Meine Kraft hatte nachgelassen. Andererseits war es erstaunlich, wie gut es mir nach so vielen Krankheitsjahren noch ging: Ich blieb verschont von Lungenentzündungen, obwohl ich mit meiner Bronchitis und dem schwachen Immunsystem dazu prädestiniert gewesen wäre, ebenso von Lähmungserscheinungen und schlimmeren Knochendeformierungen – trotz Knochenmetastasen. Ich vertrug meine Medikamente sehr gut, hatte beispielsweise bislang weder Allergien noch Magengeschwüre, obwohl ich seit Jahren magenschädliche Schmerzmittel in höchster Dosierung einnahm. Gott hatte mir, von gelegentlichen Einbrüchen abgesehen, die Lebensfreude erhalten. Und ich hatte den Eindruck, dass meine Krankheit nicht nutzlos war. Sie diente zu meiner charakterlichen Reifung und schien andere zu ermutigen. Immer wieder bekamen Kerstin und ich zu hören, wir wären Vorbilder.

Selbst mein Arzt Dr. Brust sagte sinngemäß: »Ihre Krankheits-Entwicklung ist medizinisch nicht zu erklären. Es ist unbegreiflich, warum Ihr Gesundheitszustand nun schon fast ein halbes Jahr lang relativ stabil ist – und das ohne Therapie, trotz des so weit fortgeschrittenen Krankheits-Stadiums.« Als er mich nach meinem psychischen Zustand fragte, antwortete ich: »Abgesehen von den sehr schmerzhaften Krankheitsphasen geht es mir innerlich relativ gut. Sicherlich hängt das auch mit meinem Glauben zusammen. Daraus schöpfe ich täglich Kraft, Trost und Hoffnung. Außerdem stehen sehr viele Beter hinter mir.« Er erwiderte: »Das hatte ich mir gedacht. Sie sind anders als andere Patienten, wirken getrost und gelassen.« »In der Tat«, äußerte ich abschließend, »es ist eine Wohltat, sich in Gottes Hände fallen lassen zu können mit der Überzeugung: Er hat alles im Griff. Er meint es gut mit mir.«

Je mehr sich diese Gewissheit festigte, desto weniger Sorgen machte ich mir. Während ich in den ersten Krankheitsjahren relativ viel grübelte, ging ich nun ziemlich gefasst mit meiner Situation um. Immer weniger Dinge konnten mich erschrecken – seien es schlechte Untersuchungsergebnisse, das Auftreten von Komplikationen bei der Behandlung oder Schmerzattacken. Vielleicht hatte ich mich ein Stück weit an das Leid gewöhnt. Ausschlaggebend dafür war jedoch vor allem mein zunehmendes Gottvertrauen. In der Tat fängt das Leben dann an, glücklich zu werden, wenn man alles, was kommt, aus Gottes Hand nehmen kann.

[27] Auf der Suche nach einem Winterdomizil

Langsam rückte die kalte Jahreszeit näher. Kerstin und ich beobachteten nun schon seit drei Jahren, dass es mir im Sommer relativ gut ging, während im Winter der Tumor sehr aktiv war. So lag die Idee nahe, den Winter 2001/2002 an einem warmen, sonnigen Ort zu verbringen. Dr. Brust würde solch ein Vorhaben befürworten: »Es ist gut, wenn Krebspatienten ihr Leben in die Hand nehmen. Besprechen Sie die Entscheidung mit Ihrer Frau. Und hören Sie auf die obere Stimme!« Das wollte ich gerne tun, auch hinsichtlich der Frage, wo das geeignete Winterdomizil liegen könnte. Ich war weltweit für alles offen. Zunächst stand Thailand zur Diskussion, dann Florida, dann der Süden Spaniens, zuletzt blieb nur noch die Tür »Puerto de la Cruz« in Teneriffa offen. Dort befindet sich eine kleine christliche Gemeinde mit deutsch sprechenden Gläubigen.

Trotz aller Argumente für ein Überwintern in Teneriffa blieben offene Fragen: »Ist es Gottes Wille? Wirkt sich das dortige Klima tatsächlich positiv auf meine Gesundheit aus? Werde ich in Puerto de la Cruz eine Wohnung finden? Kommen Kerstin und ich mit der vorläufigen Trennung zurecht?« Verständlicherweise wollte Kerstin ihre Arbeitsstelle bei all den Fragezeichen nicht übereilt kündigen. Wir tasteten uns stattdessen langsam an das Teneriffa-Abenteuer heran: Ein dreiwöchiger Urlaub auf der Insel – ohne Kerstin – sollte weiterhelfen.

Der Anfang war nicht besonders viel versprechend: Kerstin und ich kamen relativ spät am Flughafen an, konnten uns nur flüchtig verabschieden und im Flugzeug war nur noch ein Platz frei, und zwar im Raucherabteil, direkt neben den Toiletten. Als ich nach dem unangenehmen vierstündigen Flug und einer mehrstündigen Busfahrt endlich im Hotel ankam, stand eine schreckliche Nacht mit zwei Schmerzattacken bevor.

Entdeckungsreise

Am nächsten Morgen ging ich auf Entdeckungsreise. Zuerst wollte ich die deutsch sprechenden Christen der kleinen Kirche in Puerto de la Cruz kennen lernen. Schnell fand ich dort Anschluss, wurde zu den wöchentlichen Bibelabenden und privat zum Teetrinken eingeladen. Wie schön zu erleben, dass Gott überall seine Leute hat und dass sich Christen so eng verbunden fühlen, selbst wenn sie sich nicht kennen.

Hinterher machte ich mich auf die Suche nach einer günstigen Wohnung für die Wintermonate. Keine einfache Angelegenheit! Auf den kanarischen Inseln war Hochsaison. Ich war nicht der einzige, der das angeblich beste Klima der Welt zur Genesung nutzen wollte.

Ein vital aussehender Rentner erzählte mir: »In Teneriffa ist schon mancher Totgesagte zu neuem Leben erwacht.« Auch mir ging es hier deutlich besser als in Deutschland – zumindest tagsüber. Immerhin reichte meine Kraft für ausgiebige Spaziergänge und zum morgendlichen 10-Minuten-Lauf am Strand. Sonst las ich viel, schrieb Tagebuch und lernte amüsante Menschen kennen – zum Beispiel Truti, eine ehemalige Schweizer Köchin, die andere Urlauber und mich mit leckeren Gerichten verwöhnte. Und Miguel, einen Obdachlosen aus Holland. Ihn traf ich fast jeden Tag am Strand, um über das Weltgeschehen und den christlichen Glauben zu diskutieren.

Nachts merkte ich nichts von der angeblich heilenden Wirkung des kanarischen Klimas – im Gegenteil: Mindestens einmal, oft sogar mehrmals pro Nacht quälten mich Schmerzattacken. Ich musste versuchen, um etwa 22.00 Uhr im Hotel zu sein – bevor es losging: Im Takt meines Pulses hämmerten Schmerzschocks auf Rücken und Kopf ein, als ob die Knochen angebohrt würden. Noch dazu bekam ich Erstickungsangst, weil es mir regelrecht den Hals zuschnürte. Der Körper verkrampfte sich. Nahezu bewegungsunfähig hatte ich Mühe, ohne Kerstins Hilfe Schmerzmittel zu mir zu nehmen, obwohl ich sie schon vorsorglich bereitgelegt hatte. Ich lag im Bett, schrie zu Gott: »Was soll das? War es etwa doch eine schlechte Idee, hier zu überwintern? Versuche ich auf diese Weise, vor der harten Realität zu flüchten? Wenn du willst, fliege ich morgen nach Deutschland zurück!« Nach etwa einer halben

Stunde trat langsam Besserung ein. Leider oftmals nur für wenige Stunden, bevor mich die nächste Attacke weckte.

Eine Wohnung mit Meerblick?

In der Hoffnung, dass die nächtlichen Schmerzen bald vorübergehen, erzählte ich Kerstin am Telefon begeistert von meinen Plänen: »Gestern mietete ich ein Auto und schaute mir eine sehr schöne, ruhig gelegene Wohnung mit Meerblick an. Dort wäre Platz für uns beide. Ich vermisse dich schon jetzt – nach nur drei Urlaubstagen. Was hältst du davon, hier eine Arbeit zu suchen? Als Krankenschwester hättest du gute Chancen. Und falls das nicht klappt – wir kämen finanziell auch über die Runden, wenn du im Sommerhalbjahr vollzeitig in Deutschland arbeitest und im Winter eine Auszeit nimmst, um nach Teneriffa zu kommen. Die kleine christliche Gemeinde hier würde sich gewiss über Hilfe von uns freuen.«

Kerstin konnte sich mit meinen Plänen nicht anfreunden. Ihre Stimme klang traurig, als sie antwortete: »Auch ich will bei dir sein. Doch es fällt mir so schwer, wieder neu anzufangen – in einem fremden Land mit fremder Kultur und Sprache – gerade jetzt, wo wir uns in Mannheim eingelebt haben, wo wir Freundschaften aufgebaut und ich meinen Traumjob gefunden habe.« Mir schmerzte das Herz. War es für Kerstin nicht genug Last, an der Seite eines todkranken Mannes zu leben? Keinesfalls wollte ich sie überfordern oder lieblos mit ihr umgehen. Sie sollte glücklich sein, wieder lachen können.

Was sollte ich tun? Kerstin würde zwar das Opfer eines Umzuges nach Teneriffa auf sich nehmen. Aber das wollte ich ihr nicht zumuten. Das Winterhalbjahr alleine auf der Insel zu verbringen wäre ebenfalls keine gute Lösung. Nicht nur für Kerstin, auch für mich wäre diese lange Trennung nahezu unerträglich – vor allem weil wir nicht wussten, wie viele Ehe-Monate Gott uns noch schenkt.

Gottes klare Antwort

Gott hatte eine klare Antwort auf die »was-nun-Frage«: In Teneriffa quälten mich bis zuletzt Schmerzattacken, und zwar jede

Nacht. Ich flog zurück nach Deutschland und blieb vom ersten Tag an davon verschont. Und das trotz 30 Grad Temperaturunterschied! Mein Schmerzarzt meinte: »Das könnte psychisch bedingt sein. Wahrscheinlich hat Ihnen in Puerto de la Cruz Ihre gewohnte Umgebung und besonders Ihre Frau gefehlt.« Wie dem auch sei: Für Kerstin und mich bedeutete mein verbessertes Ergehen ein klares »Nein« zu Teneriffa und ein »Ja« zu Heddesheim, unserem Zuhause.

Wie schon so oft bewahrheitete sich das göttliche Versprechen in Sprüche 3,5-6: »Verlass dich nicht auf deine eigene Urteilskraft, sondern vertraue voll und ganz dem Herrn! Denke bei jedem Schritt an ihn; er zeigt dir den richtigen Weg und krönt dein Handeln mit Erfolg.« Vielleicht hatte ich mich zu stark auf meine Urteilskraft gestützt, als ich dachte: »Schon immer ging es mir im Sommer besser als im Winter. Dieses Jahr trickse ich den Krebs aus, indem ich den Winter zum Sommer mache.« Jedenfalls war ich froh, mir durch das langsame Vortasten in Form eines Urlaubs den Weg zurück offen gehalten zu haben. So konnte Gott mich führen, indem er die Tür mit der Aufschrift »Überwintern im Süden« eindeutig zuschloss.

Stattdessen schenkte er mir einen überraschend guten Winter in Deutschland – und das ohne Chemotherapie und ohne Bestrahlung. Die Blutwerte verbesserten sich und damit auch mein Befinden. Zwischendurch konnte ich sogar die Morphium-Dosis reduzieren und meine geschwächte Muskulatur durch regelmäßiges Training in einem Fitness-Studio kräftigen. Zwar waren Ende Januar und im März 2002 schwerere Phasen zu durchstehen mit Appetitlosigkeit, Nachtschweiß und Schmerzen. Doch das war schnell vergessen. Im Nachhinein erinnerte ich mich vornehmlich an die schönen Tage des Winterhalbjahres 2001/2002.

Psychisch war ich indessen nicht mehr so stabil und belastbar wie früher. Zwischendurch war ich sogar depressiv gestimmt, wirkte Kerstin gegenüber gereizt oder stieß ihr anklagende Bemerkungen vor den Kopf. Das jahrelange Leid hinterließ Spuren. Früher baute ich Stress und Frust durch Sport ab. Nach 30 Minuten Joggen war die Welt wieder in Ordnung. Jetzt ging das nicht mehr. Ich stieß viel schneller an die Grenzen meiner psychischen Spannkraft – insbesondere dann, wenn es mir körperlich schlecht ging und wenn mir meine Aufgaben über den Kopf wuchsen.

Der Blick auf andere

Dennoch stand nicht zur Debatte, meine Aufgaben in der Gemeinde abzugeben. Traurig war ich nämlich vor allem dann, wenn ich über meine Lebenssituation und unsere unsichere Zukunft nachdachte. Grübeln ist verhängnisvoll! Und ins Grübeln kam ich schnell, wenn ich mich in mein Schneckenhaus verkroch. Solange ich Verantwortung übernahm, blieb dagegen kaum Gelegenheit dazu. Dann war ich gefordert, viel über Gottes Wort sowie über die Probleme anderer Menschen oder meiner Gemeinde nachzudenken. Natürlich konnte auch das erdrückend sein. Doch es hatte einen entscheidenden Vorteil: Ich wurde freier von mir selbst, nahm meine Bedürfnisse nicht mehr so wichtig.

Der Blick auf andere verstärkte meinen Wunsch, glaubenslosen Menschen von der Liebe Gottes zu erzählen. Sie sollten, so wie ich, die Chance haben, Jesus Christus kennen zu lernen, ihre Sündenschuld auf ihn abzuwälzen und ihr Leben unter seine Leitung zu stellen. Beispielsweise erkundigten sich Taxifahrer häufig, warum ich auf Krankenschein fahre. Wenn ich daraufhin von meinem Leid berichtete, kam schnell die Frage: »Und wie kommen Sie damit zurecht?« Mit Freude berichtete ich, wie mir mein Gott Tag für Tag hilft. Näher Interessierten gab ich ein Buch mit. Bei einem Fahrer, der den Krebstod seiner Frau nicht verkraftete, durfte ich sogar Seelsorger sein. Auch in meinem Freundes- und Verwandtenkreis oder in der Nachbarschaft ergaben sich immer wieder Gelegenheiten, über Glaubensfragen zu sprechen.

Schon vor drei Jahren begann ich damit, in Predigten oder bei speziellen Gästegottesdiensten von der Hoffnung und dem Halt zu erzählen, die mir Christus im Leid schenkt. Wilfried und Sylvia Plock brachten mich auf die Idee, diese Gedanken auch in Kassettenform oder schriftlich weiterzugeben. Außerdem kamen die Mitarbeiter eines regionalen Jugendmagazins sowie von zwei christlichen Zeitschriften auf mich zu. Sie wollten einen Lebensbericht von mir veröffentlichen. Auf diesen Wegen wurde schon mancher Kranke getröstet, was mich wiederum sehr ermutigte. Offensichtlich musste ich zuerst selbst leiden, damit ich die Behandlung des großen Arztes Jesus Christus erfuhr und dadurch lernte, »Erste Hilfe« an anderen zu leisten. Nur weil Gott mich selbst getröstet hatte, konnte ich durch meine Erfahrungsberichte die Wunden von solchen verbinden, die etwas Ähnliches erlebten.

War das etwa einer der Gründe, wozu Gott so viel Not in meinem Leben zuließ? Jedenfalls war meine Krankheit nicht sinnlos. Ein Freund erzählte mir: »Ich sehe meine eigenen Probleme mit anderen Augen, wenn ich sie mit der unvergleichbar größeren Not von Kerstin und dir vergleiche.«

Leider nutzte ich nicht jede Gelegenheit, um von Gott zu erzählen. Nicht selten war ich zu feige oder zu träge dazu. Deswegen quälte ich mich allerdings nicht mit Selbstvorwürfen. Vielmehr versuchte ich, mich neu zu motivieren mit Gedankengängen wie: »Wer weiß, wie lange ich noch die Chance habe, Freunden, Verwandten und Nachbarn die Notwendigkeit einer Entscheidung für Jesus Christus darzulegen. Niemals möchte ich mir vorwerfen lassen, das Wasser in der Wüste gekannt und den Ort der Quelle dennoch verschwiegen zu haben. Immerhin geht es darum, wo meine Lieben die Ewigkeit verbringen werden. Es geht um alles oder nichts, um Freude oder Leid in der Ewigkeit!«

[28] Mein größter Feind: Der Schmerz

Unser inzwischen fast schon »traditioneller« Schweiz-Urlaub im Mai 2002 war mal wieder eine Wohltat für Leib und Seele. Wir hatten vorher viel um die Ohren und waren entsprechend ausgelaugt. Deshalb verbrachten wir die Tage bewusst gemütlich. Zu längeren Wanderungen fehlte mir ohnehin die Kraft.

Nach einer Woche des Abschaltens und Auftankens gingen Kerstin und ich neu motiviert in unseren Arbeits- bzw. Krankheitsalltag zurück. Körperlich fühlte ich mich nach diesem Urlaub ähnlich wie die Monate zuvor. Die Zeit war geprägt von dem üblichen Auf und Ab einer Krebserkrankung. Ich erlebte das ganze Spektrum: Herrliche Tage voller Vitalität und Lebensfreude. Aber auch dunkle Tage, überlagert von Schmerzen und Müdigkeit, an deren Ende lediglich der Trost stand: »Nun bist du dem Tod und damit der Erlösung von deinem kaputten Körper wieder einen Tag näher.«

Ab August offenbarte sich der Krebs erneut von seiner grausamen Seite. Schon seit Wochen spürte ich, dass er wieder aktiv ist.

Ich musste mein Fitnesstraining abbrechen und konnte wegen Rückenproblemen nicht mehr Fahrrad fahren. Meine Krankheit nahm neue Dimensionen an. Bisher litt ich vor allem an Knochenschmerzen. Schmerzattacken konzentrierten sich auf Rücken, Kopf und Lunge. Morphium war ein wirksames Schmerzmittel. Jetzt zeigte sich der Schmerz diffuser: Einmal taten vor allem die Lungenflügel und das Rippenfell weh, ein anderes Mal der Kopf. Einmal spürte ich starken Druck in der Milzgegend, ein anderes Mal in der Hüfte. Am schlimmsten war das Gefühl extremer Muskelverspannungen: Jede kleinste Bewegung, hier und da sogar das Atmen löste eine Welle von heftigen Schmerzen aus.

Morgens fiel es schwer, aus dem Bett zu kommen. Was noch vor einem Monat unterbewusst geschah, war jetzt eine riesige Herausforderung. Jede Körperstreckung, jede Beugung tat weh. Als ich nach 10 Minuten endlich stand, konnte der Tag beginnen. »Wenn ich ihn nur schon hinter mir hätte!« schoss es mir durch den Kopf.

Tagsüber bekam ich selbst beim Arbeiten am PC Rückenschmerzen. Zum Anziehen der Schuhe konnte ich mich kaum bücken. Ich kam mir vor wie ein 90-Jähriger. Deutlich eingeschränkt verbrachte ich die Zeit mit dem Schreiben von E-Mails, Kassetten hören und lesen, solange ich dabei nicht einschlief.

Gegen Abend spitzte sich die Situation zu. Im Gebetskreis und im Bibelkreis konnte ich in den letzten Jahren so gut abschalten und auftanken. Nun musste ich meistens zu Hause bleiben. Manchmal fiel mir selbst innerhalb der Wohnung die Fortbewegung schwer. Ich musste mich an der Wand festhalten, um vom Wohnzimmer in das Bad und weiter ins Schlafzimmer zu gelangen. Kerstin half mir beim Ausziehen der Hose und der Socken, reichte mir die Zahnbürste oder heruntergefallene Gegenstände – so unbeweglich war ich.

Wie wohltuend war jede Stunde, die ich nachts schlafen konnte, in der ich nichts spürte! Doch an Durchschlafen war nicht zu denken. Immer wieder weckten mich krampfartige Schmerzen. Es war zum Verzweifeln, da selbst stärkste Schmerzmittel wie Morphium kaum Linderung brachten. Ich erhöhte die Dosis weiter und weiter – ohne Effekt.

Kerstins Umgang mit dem Elend

Natürlich belastete all das Elend auch Kerstin. Es war wie immer: Wenn es mir schlecht ging, ging es ihr auch schlecht. Das war verständlich, denn nun musste sie mir mehr als zuvor helfen, während ich ihr im Haushalt weniger unter die Arme greifen konnte. Nun bekam sie mein Wehklagen zu hören. Nun fehlte es an Ablenkung, weil Treffen mit Freunden, Spaziergänge oder Wochenend-Ausflüge kaum noch möglich waren. Im Angesicht des Leides, der Opfer und des Verzichtes kam unweigerlich die bange Frage zurück: »Wie wird unser Leben weitergehen?«

Wie froh war ich, dass Kerstin im Laufe der Jahre immer gelassener damit umging. Fast nie hörte ich sie klagen. Wenn sie traurig war, zog sie sich zurück und dachte nach. Spätestens am nächsten Tag war sie wieder voll belastbar. Selbst Gedanken über meinen Tod bedrückten sie weit weniger als zu Beginn unserer Ehe. Das lag daran, dass ihr Vertrauen in Gottes Wege durch ihre Erfahrungen mit Gott weiter zunahm: Er hatte ihren Wunsch erhört, nicht an meiner Krankheit zu zerbrechen. Sie erlebte, wie nützlich ihre Ausbildung zur Krankenschwester für mich war. Sie spürte, wie sie durch unser Leid reifte und andere Leidende besser verstehen konnte. Kurzum: Kerstin war trotz allem Schweren zutiefst überzeugt, dass Gottes Wege mit uns gut sind.

Als wir abends gemütlich bei Kerzenlicht im Wohnzimmer saßen, nutzte ich die Gelegenheit, meinen Schatz zu fragen: »Betrübt es dich, keine Kinder zu haben? Fast all deine Freundinnen bekamen in den letzten beiden Jahren gesunde Babys. Und du wirst dieses Glück womöglich nie erfahren. Vielleicht bin ich unfruchtbar! Vielleicht wären unsere Kinder behindert. Wenn ich an all die Medikamente denke, die mein Körper schon verkraften musste, wäre das keine Überraschung. Außerdem ist der Krebs wie ein Pulverfass, das jederzeit explodieren und mich in den Tod reißen kann. Jedenfalls halte ich es für unverantwortlich, in unserer Lage Kinder zu zeugen.«

Kerstin hatte sich natürlich schon Gedanken darüber gemacht: »Momentan bin ich absolut zufrieden, auch ohne Kind. So kann ich meine Zeit für andere Dinge nutzen, zum Beispiel für die Jugendarbeit. Das könnte sich allerdings ändern, wenn ich älter bin, nicht mehr arbeite und kaum Abwechslung habe. Dann werde ich mich bestimmt nach Kindern sehnen, die mich besuchen und sich um mich kümmern. Trotzdem wäre ich lieber kinderlos als allein erziehende Mutter, falls du stirbst.«

»Und wie empfindest du Gespräche über Erziehungsfragen?«
»Die meisten meiner Freundinnen verhalten sich völlig richtig. Sie reden über ihre Kinder genau wie über andere Themen in der rechten Dosis. Bei anderen dagegen wünsche ich mir mehr Einfühlungsvermögen. Sie vermitteln den Eindruck, als gäbe es außer Kindern wenig anderes, worüber man sprechen kann.«

Trost

Bei allem Schweren – die Not hatte auch eine positive Seite: Sie schweißte Kerstin und mich immer enger zusammen. Unsere Liebe hatte Tiefgang bekommen. Fast täglich freute ich mich an Kerstins angenehmen, unkomplizierten Wesen. Für mich war und ist unsere Beziehung nach der Beziehung zu Gott die größte aller Stützen. Selbst in den schwersten Lebensphasen verhalf mir Kerstin zu herrlichen Augenblicken: Wir gingen zusammen Essen und sprachen uns dabei ganz offen aus. Wenn ich dazu nicht die Kraft hatte, kochte sie mir etwas Leckeres. Dann machten wir es uns eben zu Hause bei Kerzenlicht und klassischer Musik gemütlich. Wenn ich seelisch am Boden lag, spielte Kerstin am Klavier etwas vor, las tröstende Worte aus einem Andachtsbuch oder versuchte, mir Mut zuzusprechen: »Vergiss nicht – Gott hat in der Vergangenheit geholfen. Er ist Herr der Zukunft, der alles im Griff hat!« Überdies wusste sie, was mich zufrieden macht. »Lass das Geschirr stehen! Lies lieber dein Buch zu Ende«, bekam ich nicht selten zu hören.

Dennoch steigerten die Schmerzen mein Himmels-Heimweh. Ab und zu kam der Gedanke: »Wie schön wäre es, jetzt bei meinem Herrn im Himmel zu sein, befreit von dieser fürchterlichen Krankheitslast. Was soll die Quälerei hier? Ich bin ersetzbar! Zudem falle ich ohnehin eher zur Last, als anderen behilflich zu sein.«

Ich identifizierte mich mit dem Schreiber von Psalm 42 und 43. Ihm ging es ähnlich wie mir: Seine Tränen wurden sein Brot Tag und Nacht. Und Besserung war nicht in Sicht. Gott ließ seinen »Dorn im Fleisch« stecken. In dieser Situation rief er sich selbst wiederholt zu: »Was betrübst du dich, meine Seele, und bist so unruhig in mir? Harre auf Gott, denn ich werde ihm noch danken, dass er meine Rettung und mein Gott ist!« Welch ein Trost! Momentan verstand ich Gottes Wege nicht, verzagte eher an meinem nicht endenden Leid, als dafür zu danken. Dennoch war ich mir sicher: »Ich werde ihm noch danken«, sogar für meine Schmerzen – spätestens im Himmel. Denn dann, im Rückblick und mit himmlischem Durchblick, werde ich erkennen: »Jede Sekunde, in der ich litt, war nötig und gut – für Gottes Sache und für mich selbst.« Jetzt befand ich mich jedoch noch auf der anderen Seite des Vorhangs, auf der Gott mir immer wieder zuflüsterte: »Vertraue mir! Harre auf mich! Du wirst mir noch danken!«

Dieses Vertrauen wollte ich zum Ausdruck bringen, indem ich mich immer mehr in Gottes Arme fallen, ihn für mich kämpfen lasse. Sechs Jahre war ich nun schon krebskrank. In dieser Zeit erlebte ich viele Enttäuschungen, sah mich immer wieder in scheinbar ausweglose Situationen gestellt – sei es bei der Diagnose Krebs, bei Entdeckung des Krankheitsrückfalles oder nach dem Fehlschlagen von viel versprechenden Therapien. Noch nie hatte Gott mich nach solch einer Enttäuschung in meinem emotionalen Loch stecken lassen. Er half heraus! Und je öfter ich diese Hilfe erfahren hatte, desto weniger Probleme konnten mich erschrecken und entmutigen.

Helfer in der Not

Als indirekten Ausdruck der Fürsorge Gottes verstand ich das Verhalten unserer Freunde und anderer Christen. Wie oft verhalfen sie uns zu neuem Lebensmut, indem sie uns zu sich einluden, auf einen Tee vorbeikamen oder uns in ein nettes Restaurant mitnahmen. Ablenkung wirkte Wunder. Wie erfrischend war es, wenn jemand »ganz normal« mit uns umging. Über Banalitäten wie Autos, Beruf, den nächsten Urlaub oder das Essen zu reden war oftmals besser, als uns einen Bibelvers weiterzugeben.

Um uns Gutes zu tun, scheute manch einer weder Kosten noch Mühen. Beispielsweise besuchte mich Dieter Herrmann über Jahre hinweg fast jeden Dienstag, um mit mir die Bibel zu lesen, zu reden und zu beten. Ein guter Freund, Dieter Schmidt, fuhr regelmäßig fast 400 km, um unseren PC auf Vordermann zu bringen und uns einige Stunden lang aufzumuntern. Dazu hat er eine besondere Gabe: Er ist sehr interessiert und einfühlsam, wenn es um ernste Themen geht, versteht es aber auch, Kerstin und mich zum Lachen zu bringen. Andere wiederum beglückten uns mit Blumen, lieben Briefen, Überraschungs-Päckchen, Geld oder sonstigen Geschenken. Karlheinz und Claudia erfuhren, wie sehr es uns ablenkte, gelegentlich in die Welt guter Filme abzutauchen. Daraufhin überließen sie uns spontan ihren Videorekorder und versorgten uns mit Filmen. Die Liste der Wohltaten ließe sich beliebig fortsetzen. Noch mehr als über all diese Dinge selbst freuten wir uns gleichwohl über das Mitgefühl, welches dadurch zum Ausdruck kam.

Besonders glücklich waren wir, wenn jemand für uns betete und ohne große Worte signalisierte: »Ich bin für euch da, wenn ihr es wünscht. Egal ob ihr Hilfe beim Bügeln oder Einkaufen, einen Fahrer zum Arzt oder ein offenes Ohr braucht – sagt einfach Bescheid!« Hiobs Freunde schwiegen sieben Tage lang, als sie ihn in seiner Not besuchten, waren einfach nur da, nahmen Anteil an seinem Leid. Das war weit taktvoller als die vielen Meinungen und Ratschläge, mit denen sie ihn im Anschluss daran mehr belasteten als halfen.

Der Krebs explodiert

Bei aller Ermutigung von Freunden zermürbten mich die anhaltenden Schmerzen langsam. Mir wurde empfohlen, mich an den in Heidelberg niedergelassenen Schmerzarzt Dr. Beck zu wenden. »Vielleicht findet er eine Lösung«, hoffte ich. Dr. Beck klärte Kerstin und mich auf: »Ihrer Beschreibung nach zu urteilen handelt es sich um Nervenschmerzen. Morphium wirkt in diesem Fall nur eingeschränkt. Ich schlage vor, dass Sie zusätzlich das Antiepileptikum Neurontin einnehmen.« Das blieb nicht ohne Effekt. Schon ab dem nächsten Tag fühlte ich mich deutlich besser.

Wie tröstlich war es, wieder am Leben teilzunehmen. Ich predigte auf der Hochzeit unserer Freunde Caren und Jan, schilderte an einem Jugendabend in Peisel meine Erfahrungen im Leid, konnte Kerstins und meine Eltern besuchen und sonntags in den Gottesdienst gehen.

Leider explodierte der Krebs schon nach wenigen Wochen erneut. Die bekannten Schmerzen traten trotz der verbesserten Schmerztherapie wieder auf, und zwar massiver als je zuvor. Das Atmen fiel schwer. Am Rücken schien ein Muskel nach links zu ziehen, ein anderer nach rechts, einer nach oben, ein anderer nach unten. Die Milz brannte regelrecht. Der ganze Oberbauch schmerzte.

Morgens kam ich nur mit Kerstins Hilfe aus dem Bett. Tagsüber war ich extrem müde, versuchte aber dennoch, wenigstens ein paar Schritte vor die Haustüre zu gehen, um frische Luft zu tanken. Dabei wirkte meine Haltung so gequält, dass unsere Nachbarin Kerstin gegenüber anmerkte: »Man sieht Ihrem Mann ja sogar beim Gehen an, welch starke Schmerzen er hat.«

Ab etwa 17.00 Uhr saß ich nur noch nahezu regungslos in meinem Ledersessel und hoffte, dass die Zeit möglichst schnell vorbeigeht. Ich versuchte, mich mit Videofilmen abzulenken. Ohne durchschlagenden Erfolg, weil schon kleinste Bewegungen, selbst das Heben meiner Teetasse, einen unerträglichen Schmerzschwall auslöste. Im Laufe des Abends wurde es immer schlimmer: Meine Haut war so sensibel, dass hier und da selbst der bloße Kontakt des Rückens mit der Sessellehne wehtat. Kaum wurde das besser, hatte ich im Rhythmus von wenigen Minuten am ganzen Oberkörper durchdringende Schmerzattacken.

In diesem Zustand war es eine riesige Herausforderung, schlafen zu gehen. Unser Ehebett war zu niedrig für mich. Wir schliefen fortan im Wohnzimmer. Dort erhöhten wir die Liegefläche der Schlafcouch, indem wir eine Matratze darauf legten. Nun galt es, die zwei Meter vom Sessel zur Schlafcouch zu überwinden – eine furchtbare Quälerei! Kerstin reichte mir ihre Unterarme als Stütze. Eins, zwei, drei – mit etwas Schwung richtete ich mich auf. Schon löste das Strecken einen Schmerzschub aus. »Wie soll ich den Weg ins Bett schaffen?« fragte ich mich. Ich hielt mich an Kerstins Schultern fest. Extrem langsam, im Gänsemarsch, überwanden wir die zwei Meter Distanz. Das Hinlegen war die nächste Hürde: Zunächst setzte ich mich auf die Bettkante. Dann half Kerstin mir beim Drehen und Senken des Oberkörpers. Das Strecken von der Sitz- in die Liegeposition musste ganz langsam geschehen, Zentimeter für Zentimeter. Trotzdem löste es den hoffentlich letzten Schmerzschub dieses Tages aus. In der Erwartung, ihn damit etwas zu mildern, bat ich um eine kochend heiße Wärmflasche. Wie wohltuend: Langsam trat Linderung ein. Nun galt es, mich bis zum nächsten Morgen nicht mehr zu bewegen. Schlafen konnte ich dennoch relativ gut.

Gott erhört Gebete auf seine Weise

Die Christen aus unserer Gemeinde trieb unsere Situation ins Gebet. Manch einer betete seit Jahren jeden Tag für uns! Zusätzlich organisierten sie erneut einen Abend, um gemeinsam für Kerstin und mich zu flehen. Ich wurde gefragt, ob die vielen Gebete für mich erhört werden. Meine Antwort: »Was die körperliche Qual anbetrifft, bin ich unsicher. Schließlich weiß ich nicht, wie es mir ohne eure Fürbitte ginge. Was mein Seelenleben anbetrifft, sicherlich ja.«

Ich hatte den Eindruck, von einer Schutzmauer umgeben zu sein. Böse oder ängstliche Gedanken prallten meistens daran ab, drangen nicht in meine Seele ein. Und wenn mich doch mal ein feuriger Pfeil traf – sei es in Form von Traurigkeit, Niedergeschlagenheit oder einer Frage wie »Wozu die Quälerei?« – zog eine Kraft meine Blicke wieder nach oben auf Jesus Christus. Ohne die Gebete anderer wäre ich öfter unleidlich oder aggressiv. Ohne Gebete hätte ich nicht diesen Frieden im Herzen, auch nicht den Glauben, dass Gottes Wege vollkommen sind. Und ohne Gebete könnten Kerstin und ich nicht so gut im »Heute« leben, ohne uns vor dem »Morgen« zu fürchten.

Ich bin überzeugt: Was manch einer meiner Kraft und meinem Glauben zuschreibt, wird eines Tages im Himmel auf dem Konto so manch eines Christen erscheinen, der treu und inbrünstig für mich gebetet hat. Gerade Beter, die hier auf Erden vielleicht niemand beachtet hat, von denen niemand wusste, werden im Himmel von Gott geehrt werden. Darüber bin ich froh, denn selbst kann ich den Betroffenen nicht gebührend danken.

Pillen und Spritzen gegen den Schmerz

Mein Schmerzarzt Dr. Beck bemühte sich, mir Erleichterung zu verschaffen. Zunächst erhöhte er die Dosis. Dann nahm er weitere Medikamente hinzu. Manchmal konnte ich die Unmenge an Tabletten und Tropfen nicht mehr sehen, die ich bis zu fünfmal täglich schlucken musste: Sechs verschiedene Schmerzmittel, ein Medikament zum Schutz des Magens, eines gegen Übelkeit, und Vitamine.

Aber nicht nur beim Blick auf die vielen Pillen, auch beim Blick auf die Beipackzettel wurde mir mulmig. »Unbegreiflich, dass ich noch lebe!«, schoss es mir durch den Kopf, als ich die Liste der Nebenwirkungen sah. »Immer noch besser, als die Schmerzen in voller Wucht zu ertragen!«, beruhigte ich mich. Außerdem konnte ich froh sein, bei Dr. Beck in den Händen eines hervorragenden Schmerzspezialisten zu sein. Er nahm sich Zeit, interessierte sich für mich als Mensch und reizte offensichtlich alle Möglichkeiten der modernen Schmerztherapie aus.

Nachdem die Tabletten keine deutliche Besserung brachten, schlug Dr. Beck vor: »Sie sollten jeden Tag zu mir in die Praxis kommen. Ich werde Ihnen jeweils sechs bis acht Spritzen geben – direkt neben die Wirbelsäule. Damit können wir Ihre Nerven für immerhin 12 Stunden betäuben.« Dank dieser Behandlung ging es mir erträglicher, wenn auch von Schmerzfreiheit keine Rede sein konnte.

[29] Morphiumentzug – die schlimmste Nacht

Im Oktober 2002 spitzte sich die Situation weiter zu. Kerstin spritzte mir aus diesem Grunde abends Morphium – zusätzlich zu den inzwischen fünf 100-Mikrogramm-Durogesic-Pflastern. Für mich war es unbegreiflich: Sogar das blieb nahezu ohne Effekt. Mein Körper steckte offenbar selbst höchste Mengen des am stärksten wirksamen Schmerzmittels beinahe unbeachtet weg. Was ging hier vor sich? Dr. Beck erklärte es uns: »Ihre Morphium-Rezeptoren im Gehirn scheinen überreguliert zu sein – ein seltenes Phänomen. Selbst wenn ich Ihnen die zehnfache Menge an Morphium verabreichen würde, brächte das wenig Veränderung. Wir müssen Ihre Schmerztherapie grundlegend umstellen. Ich schlage vor, Morphium durch Subutex zu ersetzen – ein Präparat, das als Ersatzdroge für Junkies entwickelt wurde.«

Mir blieb keine Wahl. So entfernte ich am 14. Oktober 2002 mittags meine Morphium-Pflaster. Als um etwa 19.00 Uhr Schmerzen auftraten, nahm ich wie vereinbart Subutex in Tablettenform ein. Wenig später hatte ich mit Entzugserscheinungen zu kämpfen. Seit fast drei Jahren hatte ich meinem Körper kontinuierlich Morphium zugeführt. Nun stand ich am Beginn eines »kalten Entzuges« – sozusagen von Hundert auf Null – und vor der bisher schrecklichsten Nacht meines Lebens.

Nie zuvor war ich so unruhig, so rastlos. Ich schlug fortwährend auf die Sessellehne, zappelte mit den Beinen, stand auf, lief in der Wohnung auf und ab, sank dann jedoch sehr schnell wieder in meinen Sessel, weil schreckliche Schmerzen meinen Körper zu zerbrechen schienen. Ich schrie vor Verzweiflung nach Morphium, obgleich ich wusste: Selbst Morphium würde keine Besserung bringen, da Subutex dessen Wirkung sofort neutralisiert.

Um 22.00 Uhr brüllte ich: »Das halte ich niemals die ganze Nacht durch.« Ich hielt die aufgeschlagene Bibel in der Hand – zeigte mit dem Finger auf Psalm 50,15, wo steht: »Rufe mich an am Tag der Not; ich will dich erretten …« Dann rief ich zu Gott: »Ist dein Wort die Wahrheit oder nicht? Bitte! Bitte! Ich flehe dich an, errette mich aus dieser Not – möglichst sofort! Ich kann nicht mehr! Das geht über meine Kraft!« Ich weinte. In einzelnen Passagen des 22. Psalms ist gut ausgedrückt, wie ich empfand: »Mein Gott! Den ganzen Tag rufe ich, aber du gibst mir keine Antwort. Ich rufe in schlaflosen Nachtstunden, aber ich finde keine Ruhe … Ein Wurm bin ich, kein Mensch mehr …« Genau! Wie ein Wurm kam ich mir vor, so machtlos, so schwach, so klein. Weiter in Psalm 22: »Viele Stiere haben mich umgeben … Sie reißen ihr Maul auf wie brüllende Löwen, die ihre Beute zerfleischen wollen … Mein Herz verkrampft sich vor Angst, und meine ganze Kraft ist dahin … Du lässt mich im Tode versinken …« Der Krebs war wie diese Stiere – viel stärker als ich. Er wollte mich zertreten und verschlingen. Meine Kraft, mein Kampfgeist und mein Lebenswille waren am Ende.

Kerstin verzagte ebenfalls, überlegte sogar, mir tatsächlich Morphium zu geben. Gott sei Dank blieb sie tapfer, rief stattdessen einige Familien aus unserer Gemeinde an: »Bitte betet für uns, wir schaffen das nicht alleine!« Dieter und Susanne Herrmann versprachen, die ganze Nacht hindurch im Turnus von zwei Stunden aufzustehen, um vor Gott für uns einzutreten.

Mein Zustand war so unerträglich, dass ich aggressiv wurde: »Kerstin! Ruf bitte sofort Dr. Beck an! Er hat gesagt, dass er den Entzug mit mir durchstehen würde. Nun liegt er zu Hause im Bett und träumt, während ich hier kaputtgehe.« Meine Verzweiflung vor Augen hatte Kerstin tatsächlich den Mut, Dr. Beck spät abends privat anzurufen mit der Frage, was man denn zur Erleichterung tun könne. Seine Antwort: »Da müssen Sie durch! Ihr Mann soll versuchen, sich zur Ruhe zu zwingen. Falls das nicht klappt, geben Sie ihm noch mehr Subutex.« Beide Vorschläge halfen nicht wirklich, was mich noch wütender machte.

Zur Ablenkung legte Kerstin Videofilme ein – eine nahezu aussichtslose Liebesmüh. Phasenweise konnte ich zwar die Filme verfolgen. Doch schon nach wenigen Minuten schrie und zappelte ich weiter wie zuvor. Auf mein Drängen hin weckte Kerstin Dr. Beck um 2.00 Uhr nachts noch einmal. Inzwischen konnte ich nämlich kaum noch sitzen, so sehr schmerzte der Rücken. Und liegen ging auch nicht. Dr. Beck riet: »Ihr Mann soll zusätzlich die Schmerzmittel Novamin und Ibuprofen einnehmen. Halten Sie noch ein paar Stunden durch! Am frühen Morgen dürfte langsam Besserung eintreten.« Aber wie lange kann eine Nacht sein! Ich hatte das Gefühl, mich jeden Moment übergeben zu müssen, so übel war mir. Mein Kopf schien zu platzen, so hoch war der Druck. Noch dazu war ich in meiner Persönlichkeit verändert – wild und friedlos wie nie zuvor.

»Wenn so die Hölle ist«, dachte ich, »würde ich alles tun, sogar von Tür zu Tür gehen, um den Menschen irgendwie klarzumachen, dass sie Jesus Christus brauchen zur Vergebung ihrer Sünden!« Erst gegen 6.00 Uhr morgens konnten Kerstin und ich für eineinhalb Stunden dösen. Wir waren völlig erschöpft.

War die Qual nutzlos?

Überstanden war die Medikamenten-Umstellung allerdings noch nicht. Drei weitere Tage quälten mich Entzugserscheinungen wie starke Übelkeit, Kopfschmerzen und innere Unruhe. Gott sei Dank ließen sie im Laufe der Zeit nach. Was jedoch nicht nachließ waren die Tumorschmerzen. Ihretwegen war ich tagelang an das Bett gefesselt, konnte nicht einmal aufsitzen, lag vielmehr immer am gleichen Fleck in der gleichen Position. Zweifel überkamen mich: »War die Quälerei etwa nutzlos? Ziel der ganzen Aktion war doch, mit Subutex weniger Schmerzen zu haben als zuvor. Nun ist es umgekehrt!«

Drei Nächte lang konnte ich kaum schlafen, fühlte mich wie Hiob (Kap. 30,17): »Nachts bohrt es mir meine Knochen aus, und die an mir nagenden Schmerzen ruhen nicht.« Ich weinte mich bei meinem Herrn aus: »War die Entzugsnacht nicht genug? Ich bin am Ende – mein Gott! Bitte hole mich entweder bald heim zu dir oder heile mich. Aber lass mich nicht so menschenunwürdig dahinvegetieren!« Gleichzeitig klammerte ich mich regelrecht an die Worte des Apostels Paulus aus Römer 8,18: »Ich bin ganz sicher, dass alles, was wir jetzt erleiden, nichts ist, verglichen mit der Herrlichkeit, die wir einmal erfahren werden.« Diese Hoffnung auf den Himmel bestärkte mich mehr als alles andere. Deshalb identifizierte ich mich mit dem Gedicht von Bernhard Kuhn:

Lasst zu meinem Herrn mich ziehen,
meine Seele eilt ihm zu,
wo die ewigen Sonnen glühen,
wartet mein die Sabbatruh.

War's auch schön in eurem Kreise,
Gnade gab der Herr zur Reise,
lasst mich ziehn zu meinem Herrn.

Lasst zu meinem Herrn mich ziehen,
denn ich schulde ewig Dank,
der am Kreuz mit heißen Mühen
auch um meine Seele rang.

Fern im Osten glänzt der Morgen,
funkelt hell der Morgenstern,
saget nichts, ich bin geborgen,
lasst mich ziehn zu meinem Herrn.

Lasst zu meinem Herrn mich ziehen,
warum haltet ihr mich auf,
aus der Fremde lasst mich ziehen,
nach der Heimat geht mein Lauf.

Salems Tore, Zions Mauern,
sah ich schimmern schon von fern,
liebt ihr mich, so lasst das Trauern,
lasst mich ziehn zu meinem Herrn!

Unerträgliches im Leben von Christen?

Nach diesen traumatischen Erlebnissen zweifelte ich an der Aussage in 1. Korinther 10,13: »Gott ist treu, der nicht zulassen wird, dass ihr über euer Vermögen versucht werdet.« Wenn das so ist, warum erlebte ich dann in den letzten Tagen etwas ganz anderes? Dieses Elend war unerträglich, es ging weit über das Maß hinaus, das ich tragen kann! Zwischendurch konnte ich nicht mehr beten, zweifelte gar für einige Augenblicke an Gottes Existenz. Wilfried erklärte mir: »Dieser Vers im 1. Korintherbrief bezieht sich auf Verführungen zum Sündigen, nicht auf Krankheitsnot. Sei dir gewiss: Du bist nicht der erste Christ, der im Leid nahezu verzagte! Selbst dem großen Apostel Paulus erging es so. Er berichtet im 2. Korintherbrief, Kapitel 1, Vers 8, dass er übermäßig beschwert wurde, über Vermögen, so dass er sogar am Leben verzweifelte. Mit anderen Worten: Christen können durchaus in Grenzsituationen geraten, die über ihre Kräfte gehen.«

Das beruhigte mich einerseits, bestätigte es doch meine Erfahrungen und die Wahrheit der Bibel. Andererseits fragte ich mich, wie es möglich ist, dass mein Glaube in den Jahren meiner Krankheit zwar wiederholt einbrach, aber nie aufhörte – auch nicht, als die Not über meine Kräfte ging.

Die Treue Gottes

Selbst kann ich mir dafür gewiss nicht auf die Schulter klopfen. Es war Jesus Christus, der mich festhielt. Seine Treue sorgte dafür, dass ich trotz aller Not nicht vom Glauben abfiel. Und seine Treue wird auch dafür sorgen, dass ich im Himmel ankommen werde. Dessen bin ich mir sicher, weil die Bibel sagt: Gott hat alle wahren Christen schon vor Beginn der Welt auserwählt (Eph 1,4). Er wird das gute Werk, das er in mir begonnen hat, zu Ende führen (Phil 1,6). Jesus Christus hat mich mit seinem teuren Blut erkauft, niemand kann mich aus seiner Hand reißen (vgl. 1. Pet 1,18-19; Joh 10,28). Wie schrecklich wäre es, wenn Gott mich mir selbst überlassen würde. Ich wäre verloren!

Wie befreiend dagegen, zu wissen: Es kommt nicht auf meine Kraft an! Gott baut sein Reich mit einfachen, schwachen, zweifelnden Menschen, mit solchen wie mir. Wenn ich in der Not nicht mehr richtig beten kann, beten nicht nur andere Gläubige für mich, sondern auch Jesus Christus und der Heilige Geist (vgl. Lk 22,32 und Röm 8,26). Wenn ich versage, treten sie dafür ein, dass mein Glaube nicht aufhört.

Abgesehen davon: Welche Alternative gäbe es denn zum Gott der Bibel? Ich hatte zwar schon mal den Gedankenblitz: »Am liebsten würde ich Gott davonlaufen, nichts mehr mit ihm zu tun haben!« Aber dann stimmte ich sehr schnell in das Gebet von Petrus ein (Joh 6,68): »Herr, zu wem sollte ich gehen? Du hast Worte ewigen Lebens.« Nicht nur das: Ich bin überzeugt, dass er der einzig wahre Gott ist, derjenige, der das Universum genauso kontrolliert wie mein kleines Leben. Ich kann ihm nicht davonlaufen und ich will es auch nicht, denke vielmehr wie Hiob (Kap. 13,15): »Obwohl er mich schlägt, will ich ihm vertrauen.«

Abhängig von Kerstin

Diese Haltung brauchte ich auch, weil selbst die Umstellung von Morphium auf Subutex keine Besserung brachte. Dr. Beck meinte: »Bei Ihnen ist nicht nur die Krebstherapie, sondern auch die Schmerztherapie an den Grenzen ihrer Weisheit angelangt. Aber eines sollen Sie wissen: Ich bin jederzeit für Sie da und werde alles tun, Ihnen zu helfen. Was auch kommen mag – wir werden Wege finden, um Ihnen Linderung zu verschaffen. Ganz in den Griff werden wir Ihre Schmerzen allerdings vermutlich nicht bekommen.«

Tolle Aussichten! Noch dazu wurde mein Gang unsicherer: Nun lief ich nicht nur gebückt umher, sondern auch noch schlangenförmig, so wackelig war ich auf den Beinen. »Womöglich halten mich die Leute für betrunken«, spekulierte ich. Auch geistig baute ich ab, konnte mich schlechter konzentrieren und vergaß mehr als früher. Die Ursache war unklar – der Tumor selbst, eine Nebenwirkung der Medikamente oder beides?

»Du bist ein Pflegefall«, schoss es mir durch den Kopf. »Du bist abhängig von Kerstins Hilfe!« Wenn sie arbeiten musste, reduzierte sich mein Leben auf die eigenen vier Wände und dort auf das Nötigste. Ein Brot schmieren ging noch. Aber an Kochen war nicht zu denken. Zum einen konnte ich nicht so lange stehen. Zum anderen befanden sich die Töpfe in einem unteren Schrank und die Gewürze in einem oberen – beides unerreichbar für mich. Wenn es an der Haustüre klingelte, konnte ich nicht öffnen, weil die Treppe ein unüberwindbares Hindernis darstellte.

Glücklicherweise arbeitete Kerstin nur halbtags und war viel zu Hause. Ich glaubte ihrer Aussage: »Sag einfach Bescheid, wenn du etwas brauchst. Ich helfe dir gerne!« Dennoch fiel es mir schwer, sie wegen jeder Kleinigkeit zu fragen: »Kerstin, könntest du mir bitte helfen, vom Sessel hochzukommen? Könntest du mir bitte die Fernbedienung reichen? Ich bräuchte einen Ordner aus dem unteren Fach – kommst du bitte?« Es fiel schwer, so abhängig zu sein.

Ich wusste nicht, ob Stolz, Ungeduld, Rücksichtnahme auf Kerstin oder ein Mix aus allem der Grund war – jedenfalls war ich immer wieder so dumm, mir nicht helfen zu lassen. So auch, als ich eine CD in der untersten Schublade meines Schreibtisches verstauen wollte. Beim Beugen verlor ich das Gleichgewicht und fiel brutal auf den Boden. Ich schrie vor Schmerz, befürchtete, mir mehrere meiner instabilen Knochen gebrochen zu haben. Kerstin half mir beim Aufstehen. Anders als erwartet schien abgesehen von leichten Prellungen alles in Ordnung zu sein.

Kerstin reagierte zu Recht wütend: »Daran bist du selbst Schuld. Ich kann nicht mehr tun, als dir meine Hilfe anzubieten.« Ich erklärte ihr: »Es fällt mir schwer, mich an all die Beschränkungen zu gewöhnen. Überleg mal: Vor gut sechs Jahren hatte ich beste Karriereaussichten, stand mit beiden Beinen im Leben, fuhr Ski, ging joggen! Noch vor wenigen Wochen war ich zwar schwach, aber autonom und beweglich. Und jetzt bin ich ein Krüppel, der ohne Hilfe morgens nicht aufstehen und abends nicht ins Bett gehen kann! Ich darf nicht mehr Auto fahren, komme kaum noch aus den eigenen vier Wänden. Meine Spaziergänge machen keinen Spaß mehr, weil ich nicht genug Luft bekomme und nur mit Mühe und Not einigermaßen gerade gehen kann. Selbst meine Aufgaben in der Gemeinde musste ich abgeben. Schlimm daran ist vor allem die drohende Endgültigkeit. Es besteht kaum Hoffnung auf Besserung. Um das zu verarbeiten, brauche ich Zeit!«

Obwohl ich Kerstins Hilfe brauchte, war mir wichtig, dass wenigstens sie in den Gottesdienst und zum Abendmahl geht. Ihr tat die Abwechslung gut und ich erfuhr dadurch indirekt, was in der Gemeinde vor sich geht. Eines Tags kam sie mit Tränen in den Augen zurück: »Ich musste fast ständig an dich denken. Dein Lieblingslied ›Für mich gingst du nach Golgatha‹ habe ich bewusst für dich mitgesungen. Als ich wie immer nach dir gefragt wurde, brachte ich die Antwort kaum über die Lippen: ›Nobby muss lernen, mit Schmerzen zu leben. Selbst die moderne Schmerzmedizin hat keine befriedigende Lösung für ihn parat!‹« Daraufhin weinten wir mal wieder ungehemmt zusammen, was unseren Kummer milderte.

Beruhigende Worte

Wie gut, dass nicht nur Kerstin, sondern auch meine Ärzte offen mit mir redeten. So fragte Dr. Beck: »Wie kommen Sie klar mit den Schmerzen und der Tatsache, von Woche zu Woche den Verfall Ihres Körpers beobachten zu müssen?« Ich erwiderte: »Natürlich bin ich traurig darüber. Aber Gott hilft. Selbst vor dem Tod habe ich keine Angst, freue mich eher darauf, weil ich weiß, dass ich unmittelbar nach dem letzten Atemzug im Himmel sein werde. Allerdings schaudert mir bei der Vorstellung, qualvoll zu sterben, beispielsweise durch Ersticken!«

Dr. Beck beruhigte mich: »Noch nie musste jemand, der so gut betreut ist wie Sie, bei vollem Bewusstsein ersticken. Wie gesagt: Es gibt immer Möglichkeiten, Atemnot und extreme Schmerzen zu lindern. Allerdings könnten diese Maßnahmen Leben verkürzend wirken.« »Damit hätte ich keine Probleme!« erwiderte ich und verwies auf meine christliche Patientenverfügung. »Ich lehne zwar aktive Sterbehilfe ab, bin jedoch gegen lebensverlängernde Maßnahmen. Und ich wünsche mir den Einsatz aller Künste der Medizin, um Schmerzen zu lindern – selbst wenn dies mein Sterben beschleunigen sollte!«

Nach diesem Gespräch begleitete mich Dr. Beck noch zu einem Hospiz, in dem ich meine letzten Tage bei bester Betreuung verbringen könnte. Dabei kam mir in den Sinn, wie oft ich Jesus Christus schon angefleht hatte: »Bitte hole mich bald heim oder heile mich.« War der massive körperliche Verfall etwa Gottes Antwort auf dieses Gebet? Ging ich tatsächlich auf mein Ende zu? Werde ich etwa meinen 35. Geburtstag in zwei Monaten nicht mehr erleben?

Kerstin würde ich das insofern wünschen, als sie dann frei wäre für einen Neuanfang. Selbst würde ich freilich gerne noch etwas bewegen in meinem Leben! Wichtig war mir vor allem, die mir verbleibende Zeit zu nutzen, um die gute Botschaft von Gottes Liebe auszusäen. Wann meine Lieben Jesus Christus ihr Leben anvertrauen – ob vor oder nach meinem Tod – war zweitrangig. Jedenfalls wollte ich sie unbedingt im Himmel wiedersehen.

[30] Die drohende Querschnittslähmung

Am 17. November 2002 klappten beim Duschen wegen Kraftlosigkeit plötzlich meine Beine zusammen. Ich konnte mich gerade noch an den Duscharmaturen festhalten. Fast wäre ich gestürzt. So konnte es nicht weitergehen! Ein achtstündiger Ärzte-Marathon begann: Zuerst war ich bei Dr. Beck, der mir wie jeden Tag Spritzen zur Betäubung meiner Nerven gab. Anschließend sprach ich bei Dr. Brust vor, der mich an einen Neurologen überwies mit der Bitte, die Ursache für das Taubheitsgefühl und die Schwäche in meinen Beinen herauszufinden. Dieser wiederum sagte: »Für eine Diagnose brauche ich eine Kernspintomographie Ihrer Wirbelsäule.« Inzwischen konnte ich mich selbst mit Kerstins Hilfe nicht mehr auf den Beinen halten. In einem geliehenen Rollstuhl schob mich mein Schatz zum Radiologen und zurück zum Neurologen, bei dem wir zu hören bekamen: »Ursache Ihrer Probleme ist ein Weichteiltumor im oberen Lendenwirbelbereich. Er drückt auf das Rückenmark und die Nervenbahnen. Sie müssen sofort zur Notbestrahlung in die Uniklinik Heidelberg!«

Völlig erschöpft kam ich dort an. Dennoch wurde noch am gleichen Tag mit der Bestrahlung der Wirbelsäule begonnen. Die Ärzte und Krankenschwestern verstanden ihr Handwerk. Und sie waren motiviert, trotz hoher Arbeitsbelastung.

Wegen Bettenmangels schob man mich noch mehrmals hin und her. So war ich froh, als ich endlich auf der radiologischen Station des Krankenhauses landete. Dort wurde ich von Anfang an wie ein rohes Ei behandelt. Zu Recht: Immerhin bestand die Gefahr einer Querschnittslähmung. Ich durfte nur flach auf dem Rücken liegen. Selbst das Kopfteil des Bettes hochzustellen war strengstens untersagt. Unter diesen Umständen zu essen war kein Vergnügen. Ich sah dabei nicht mehr als den Tellerrand. Noch problematischer war das Verrichten eines kleinen oder großen Geschäftes. Nun war ich noch hilfloser als zu Hause. Gut, dass die Krankenschwestern so unkompliziert und freundlich mit mir umgingen. Das erleichterte das Annehmen von Hilfe. Außerdem hatte ich endlich keine Schmerzen mehr.

Am Tag nach meiner Einlieferung ins Krankenhaus bekam ich zu spüren, wie sehr unsere Not an Kerstins physischer und psychischer Kraft zehrte. Abends verließ sie plötzlich mein Zimmer. Nach drei Stunden kam sie wieder mit den Worten: »Ich konnte nicht mehr und musste mich ausweinen. Hab mit meiner Mutter telefoniert. Das hat mich getröstet.« Wie wichtig, dass es ihr bald wieder besser ging.

Muss das sein, Vater?

Denn am fünften Tag meines Klinikaufenthaltes bat ich um ein aufklärendes Arztgespräch. Mein Bett wurde in die Bestrahlungsabteilung geschoben. Dort warteten Kerstin und ich gespannt auf den zuständigen Oberarzt Dr. Zierhut. Seine erste Frage verhieß nichts Gutes: »Können wir offen reden?« »Unbedingt!«, antwortete ich. Daraufhin zeigte er Kerstin und mir das Röntgenbild meiner Wirbelsäule. Selbst ich als Laie erkannte, dass vier Brustwirbel und einige Lendenwirbel regelrecht eingebrochen waren. Kerstin meinte: »Kein Wunder, dass du 6 cm kleiner geworden bist.« Dr. Zierhut machte ein ernstes Gesicht, als er uns mitteilte: »Sie werden um eine Querschnittslähmung nicht herumkommen!« Bedrückte Stimmung. Dr. Zierhut brach das Schweigen: »Wir befinden uns in einem Dilemma. Es besteht die Gefahr, dass Ihr Rückenmark nach der Behandlung im Klinikum Nürnberg vor knapp sechs Jahren weitere Strahlenbelastungen nicht verkraftet. Deshalb könnte bei der Fortsetzung unserer Therapie als Nebenwirkung eine Querschnittslähmung eintreten. Wenn wir allerdings nicht bestrahlen, wird Ihr Tumor ungestört weiter wachsen und mit Sicherheit bald eine komplette Lähmung unterhalb Ihrer Brustwirbel verursachen. Als Kompromiss schlagen wir Ihnen vor, nur 11 anstatt den sonst üblichen 20 Bestrahlungen durchzuführen.« Kerstin und ich starrten uns fassungslos an.

»Besteht die Chance, bald nicht mehr an das Bett gefesselt zu sein? Und wann darf ich nach Hause gehen?«, wollte ich wissen. »Da Ihre Wirbelsäule völlig instabil ist, müssen Sie zumindest während der Therapie im Krankenhaus bleiben. Wir werden mit unseren Orthopäden Rücksprache halten, ob sich Ihr Rücken mit einem Stützkorsett stabilisieren lässt. Falls das möglich wäre, könnten Sie aufstehen. Bis zu einer Klärung ist es allerdings unbedingt nötig, flach zu liegen, und zwar rund um die Uhr!«

Wieder ein Schock, den es zu verdauen galt! Zwar wusste ich bereits, welche Folgen meine Wirbelsäulen-Metastasen haben könnten. Sogar mit dem Sterben hatte ich mich schon auseinander gesetzt. Aber jetzt stand die Querschnittslähmung ab Brusthöhe als eine unabwendbare Tatsache vor meinen Augen. Obwohl ich meinte, mich inzwischen völlig unter Gottes Herrschaft gebeugt zu haben, fragte ich erneut: »Muss das sein, mein Gott und Vater? Was willst du mir denn noch zumuten?«

Ja, Vater!

Zurück auf der radiologischen Station las ich in dem Andachtsbuch »Alle meine Quellen sind in dir« von Cowman die gut illustrierte Antwort auf meine Fragen: Ein leidenschaftlicher Harfenspieler liebt sein Instrument. Aber wenn er seine Harfe stimmt, nimmt er sie fest in die Hand und schlägt eine Saite mit scharfem, kurzem Schlag an. Wenn sie falsch klingt, spannt er die Saite mit einer Flügelschraube. Obwohl sie jetzt bis zum Zerspringen angezogen ist, schlägt er sie erneut und beugt sich darüber, um wie zuvor aufmerksam zu lauschen. Schließlich huscht ein Lächeln über sein Gesicht, wenn der erste richtige Ton aufklingt. Gott liebt uns mehr als jeder Harfenspieler seine Harfe. Wir sind für ihn wie eine Anhäufung schriller Misstöne. Deshalb erschüttert er die Saiten unseres Herzens mit quälenden Schmerzen, beugt sich liebevoll über uns und lauscht. Wenn er nur den schrillen Misston des Murrens vernimmt, schlägt er blutenden Herzens nochmals zu und wartet, bis die Melodie »Nicht mein Wille, sondern dein Wille geschehe!« aufklingt. Er wird nicht aufhören zu schlagen, bis unsere geläuterte Seele mit den reinen und unendlichen Harmonien seines Wesens übereinstimmt.

Ich wusste nicht, wie nah Gott mit mir bereits an die gewünschte Melodie herangekommen war. Jedenfalls nahmen Dauer und

Intensität meiner Rebellion nach solchen Lebensschocks von Mal zu Mal ab. Diesmal hielt sich mein Murren sehr in Grenzen. Was überwog, war die Traurigkeit über den drohenden Verlust meiner Beweglichkeit und damit meiner Freiheit. Aber selbst dieser Kummer verschwand zwei Tage später weitgehend aus meiner Gedankenwelt. Viel mehr war ich nun bemüht, meinen Glauben zu bezeugen.

Mein erster Zimmernachbar, Herr Spörer, sollte wissen, dass es Hoffnung für ihn gibt. Fast rund um die Uhr stöhnte er, so sehr juckte seine vom Krebs zerfressene Haut. Er war einsam, bekam nie Besuch. Auf meine Frage, ob er an Gott glaubt, erwiderte er: »Nein! Denn wenn es einen Gott gäbe, hätte er bestimmt schon jemanden zu mir in mein Elend geschickt!« Das ging mir durch Mark und Bein! Haben nicht wir Christen den Auftrag, die Botschaft von Gottes Liebe zu den Kranken und Schwachen zu tragen? Nach seiner Entlassung konnte ich nur hoffen und beten, dass er vor seinem Tod noch in der Lage war, die übergebenen Kassetten mit Predigten zu hören und Christus als seinen Heiland anzunehmen.

Aufmerksame Freunde

»Wie viele Menschen in diesem Krankenhaus sind wohl einsam und unzufrieden?«, sann ich nach. »Warum ist Gott ausgerechnet zu mir so barmherzig? Ich könnte mehr Besuch bekommen, als mir lieb ist, wenn ich es wollte. Und diejenigen, die kommen, bringen echten Trost mit.« Beispielsweise ermutigte mich Wilfried, immer wieder zum »Ja, Vater« durchzudringen. Über den selbst gebastelten Adventskalender von Evelyn freute sich neben mir die halbe radiologische Station der Uniklinik. Ebenso über Kerstin, die nicht nur jeden Tag zu Besuch kam, sondern auch das Pflegepersonal entlastete, indem sie mich fast jeden Morgen wusch. Außerdem brachte sie Wärme in den sonst recht tristen Krankenhausalltag. Noch mehr als zu Hause genoss ich ihre liebevolle, ausgeglichene Art.

Unsere aufmerksamen Freunde registrierten, dass Kerstin besonders viel um die Ohren hatte, weil sie jede freie Minute bei mir im Krankenhaus verbrachte. Deshalb griffen sie ihr unter die Arme: Nick nahm ihr gelegentlich einen Korb Bügelwäsche ab.

Andere kochten für sie. Fast jeden Abend stand für Kerstin ein Essen vor der Haustür, obwohl sich die Köchinnen nicht absprachen.

Wie gut, dass wir keine Helden sein müssen, die ohne fremde Hilfe das Leben bewältigen. Der Gemeindegründer Fred Colvin meinte gar: Unsere Schwächen werden in der Gemeinde Jesu genauso gebraucht wie unsere Stärken. Denn unsere Schwächen sind der Kleister, der uns mit unseren Glaubens-Geschwistern zusammenklebt. In der Tat: Wegen meiner Krankheit opferte zwar schon manch einer Zeit, Geld und Mühe. Doch unsere Not trieb die Gemeinde auch geschlossen ins Gebet und förderte das Bewusstsein, wie sehr wir einander brauchen. Außerdem sagt Jesus Christus selbst (Mt 25,40): »Was ihr für einen meiner geringsten Brüder getan habt, das habt ihr für mich getan!« Kerstin und ich gaben sozusagen anderen Christen die Chance, uns ihre Liebe zu erweisen und dadurch indirekt ihrem Herrn zu dienen.

Erste Gehversuche

Gegen Ende des zweiwöchigen Krankenhaus-Aufenthaltes fiel mir das Liegen immer schwerer. Mein Bewegungsdrang nahm zu. So war ich froh, als mein Korsett fertig war. Bis zu meiner Entlassung blieben noch drei Tage Zeit, unter Anleitung von zwei Krankengymnastinnen die ersten Gehversuche zu wagen. Dabei war ich einerseits etwas schockiert: Von meiner Beinmuskulatur war nahezu nichts übrig geblieben. Und ich hatte wenig Gefühl in den Beinen. Andererseits war ich dankbar, überhaupt aus dem Bett steigen zu dürfen. Schließlich war zwischendurch unklar, ob ich jemals wieder aufstehen und gehen kann. Entlassen wurde ich mit den Worten: »Üben Sie fleißig weiter. Aber überschätzen Sie sich nicht! Ohne Rollstuhl oder Gehhilfe dürfen Sie vorerst das Haus nicht verlassen! Für den Heimweg bestellen wir einen Krankentransport.«

Im Rollstuhl sitzend wurde ich ins Krankenhaus eingeliefert. Auf einer Trage liegend verließ ich es nun wieder. »Keine guten Aussichten«, dachte ich. »Wie soll ich unter diesen Umständen den Alltag bewältigen? Komme ich in unserer engen Wohnung klar, falls tatsächlich eine Querschnittslähmung eintritt? Ist ein Umzug nötig? Fällt mir die Decke auf den Kopf, wenn ich tagein, tagaus fast nur im Bett liege? Wie sehr hatte es mir bisher bei der Bewältigung meines Leides geholfen, wenn ich mich freuen konnte auf Highlights wie einen bevorstehenden Urlaub oder das Ausgehen mit Freunden. Ob so etwas in Zukunft überhaupt noch möglich sein wird? Werde ich depressiv, wenn ich nichts mehr arbeiten kann? Werden Kerstin und ich jemals wieder ein einigermaßen normales Eheleben führen können?« Wie anders hatten wir uns das Leben vorgestellt, als wir uns vor gut vier Jahren das »Ja-Wort« gaben!

[31] Ein Leben als Behinderter

Trotz aller Fragezeichen war ich glücklich, nun wieder zu Hause zu sein. Dort standen bereits ein Rollator als Gehhilfe und ein Pflegebett bereit. Das Bett war neu, relativ schön, passte überraschend gut in unser Wohnzimmer und war mit einer wertvollen Wechseldruckmatratze ausgestattet – speziell für Leute wie mich, die viel Zeit nahezu bewegungslos im Bett verbringen müssen.

Welch ein Vorrecht, im vergleichsweise reichen Deutschland zu leben. In den meisten anderen Ländern wäre ich medizinisch nicht annähernd so gut versorgt. Meine Krankenkasse lieh mir die benötigten Hilfsmittel und sie bezahlte den Krankenhaus-Aufenthalt sowie alle verschriebenen, teilweise sehr teuren Arzneimittel.

Fast alles war geregelt. Zur Ruhe kamen wir trotzdem nicht. Kaum zurück vom Krankenhaus, fing ich mir einen Magen-Darm-Infekt ein. Kerstin hatte mich angesteckt. Nun lagen wir beide mit Magenkrämpfen im Bett. Kein Vergnügen: Tagsüber konnte ich noch rechtzeitig ins Badezimmer humpeln. Nachts war das nicht möglich, weil ich mein Korsett ausgezogen hatte. Egal was passierte – ich musste flach liegen bleiben und mit einer Plastiktüte zurechtkommen.

Da ich nicht schlafen konnte, betete ich viel: »Bitte nimm diese Übelkeit von mir! Sei mir gnädig!« Wieder mal erlebte ich ein kleines Wunder: Kerstin hatte mit der Infektion trotz ihres gesunden Immunsystems fast eine Woche lang schwer zu kämpfen. Bei mir war das Schlimmste bereits nach einer Nacht überstanden, trotz meines schwachen Immunsystems.

Helfen lassen

Andere Probleme waren indessen nicht so schnell vom Tisch: Ich musste viel liegen, um die Wirbelsäule zu entlasten und um weiterhin einigermaßen schmerzfrei zu bleiben. Selbst wenn ich das tat, fühlten sich meine Beine taub an, wie eingeschlafen. Gemeinde-Veranstaltungen konnte ich nicht besuchen, was mir sehr fehlte. Und ich war fortan von Kerstins Pflege abhängig. Sie half mir morgens beim Waschen im Bett und anschließend beim Anziehen des Korsetts und der Kleidung. Erst danach durfte ich aufstehen. Bücken, Drehen sowie das Heben schwerer Gegenstände war verboten. So brauchte ich auch tagsüber Kerstins Hilfe – allein schon, weil mir ausgerechnet jetzt scheinbar mehr herunterfiel als je zuvor. Vor allem aber, weil das Kochen, Waschen, Einkaufen und andere Haushaltsarbeiten für mich tabu waren. Ich musste meine Wirbelsäule um jeden Preis schonen. Eine Überlastung oder ruckartige Bewegungen könnten nicht nur stärkste Schmerzen verursachen, sondern womöglich sogar eine sofortige Querschnittslähmung.

Wie gut, dass Kerstin als Krankenschwester ihr Handwerk versteht und mir liebevoll vermittelte: »Es ist mir nicht lästig, dich Tag für Tag zu pflegen.« Wie gerne hätte ich ihr mehr als Dank und Lob zurückgegeben. Wegen meiner Unbeweglichkeit war ich nicht mal in der Lage, ihr in der Stadt ein nettes Geschenk zu kaufen. Aber darauf kam es ihr nicht an. Ich spürte, dass sie mich trotz allem liebt, nahezu bedingungslos. Das erleichterte mir zwar das Annehmen ihrer Hilfe. Einfach war es trotzdem nicht. Viel lieber würde ich helfen, als mir helfen zu lassen!

Zusätzliche Unterstützung bekamen wir von meinen Eltern. Sie kamen, wann immer wir sie brauchten – vor allem dann, wenn Kerstin viel arbeiten musste oder beruflich über Nacht auf einem Seminar war. Für ihre Hilfe war ich sehr dankbar – nicht nur, weil ich mich mit meinen Eltern gut verstehe, sondern auch, weil sie dadurch Kerstin entlasteten. Allerdings fiel es mir schwer, meine Mutter und meinen Vater mitleiden zu sehen. Ist es nicht schon schrecklich, wenn Kinder ihre Eltern pflegen oder gar zu Grabe tragen müssen? Umgekehrt muss es noch weit schwerer sein.

Meine Eltern begleiteten mich auch, als ich mich erstmals mit Gehhilfe aus dem Haus wagte – etwa eine Woche nach der

Entlassung aus dem Krankenhaus. Es war ein komisches Gefühl: Meine 61-jährige Mutter zog mir die Schuhe an und half mir in die Jacke. Anschließend stützte mich mein 63-jähriger Vater, als ich Stufe für Stufe die Treppe in den Hof hinunterhumpelte. Ich ging schwerfällig und unkoordiniert, obwohl ich mich am Rollator festhielt. Schon nach wenigen Metern musste ich mich setzen – aus Kraft- und Luftmangel.

Kraftmangel und Schmerzen waren auch die Gründe, warum ich meine Aufgaben in der Gemeinde nicht mehr wahrnehmen konnte. Ich wäre nicht einmal in der Lage gewesen, mit dem Auto an die entsprechenden Veranstaltungsorte zu fahren und dort zwei bis drei Stunden zu sitzen. Einerseits war ich froh, dass sich schnell andere Christen bereit erklärten, für mich zu predigen oder den Jugend- und Bibelkreis zu leiten. Andererseits fragte ich mich nun an manchem Morgen, wozu ich aufstehen soll. Ich hatte ohnehin nichts zu tun!

Wie gut, dass Gott sich sogar freut, wenn ich lediglich bereit bin, für ihn zu wirken, es aber nicht in die Tat umsetzen kann. Beispielsweise wollte König David den Tempel bauen, durfte jedoch nicht. Gott tröstete ihn mit den Worten (1. Kö 8,18): »Dass dir das am Herzen lag, meinem Namen ein Haus zu bauen, daran hast du gut getan, dass dir das am Herzen lag.« Im Gegensatz zu unserer Gesellschaft sieht Jesus Christus nicht nur auf das Ergebnis meines Handelns, sondern ebenso auf meinen Wunsch.

Der Kampf ist Gottes Sache

Abgesehen davon ist der Umgang mit meiner Krankheit nicht nur mein Kampf, sondern vor allem Gottes Kampf. Es geht nicht um meine Ehre, sondern um seine. Hunderte von Menschen beobachten das Leben von Kerstin und mir. Sie lesen unsere Rundbriefe, hören von uns, beten für uns. Es geht darum, dass diese Menschen erkennen: »Gott existiert! Er hilft! Er hat das Leben seiner Kinder im Griff.« Wie Gott zu diesem Ziel kommt, ist seine Sache. Entweder gibt er mir wieder die Kraft, in Predigten oder auf andere Weise über ihn zu reden, ihm aktiv zu dienen. Oder er gibt mir die Kraft, geduldig im Bett zu liegen – tagein, tagaus. Oder er gibt mir Kraft zum Sterben, und zwar in der Haltung »Ja, Vater! Dein Wille geschehe!«. In jedem Fall würden andere sehen:

»Gott lebt!« Und darum geht es. Das machte mich gelassen – dass der Kampf seine Sache ist!

Trotz Behinderung taten sich schon bald neue, rückenschonende Beschäftigungs-Möglichkeiten auf. Zum Beispiel lud ich junge Männer aus unserer Jugendgruppe zu mir ein, um über die Freuden und Sorgen ihres Lebens zu reden. Überdies hatte Wilfried Plock mich im Krankenhaus zum wiederholten Male motiviert, meine Lebensgeschichte in Buchform aufzuschreiben. Nun war die Zeit gekommen, endlich zur Tat zu schreiten: Schnell besorgte ich mir einen Laptop, um im Sessel arbeiten zu können – in halb liegender Position, zur Entlastung meiner Wirbelsäule.

Nachdem die Anfangsschwierigkeiten überwunden waren, ging es auch körperlich aufwärts. Ich konnte mich länger als erwartet außerhalb des Bettes aufhalten. Lediglich ein bis zwei Stunden Mittagsruhe waren nötig. Sonst saß ich viel in meinem Ledersessel, arbeitete am Laptop oder las. Solange ich nicht mehr als drei bis vier Stunden aufrecht saß oder gar stand, ging es mir erstaunlich gut – abgesehen von leichten Rückenschmerzen, tauben Füßen sowie anhaltender Kurzatmigkeit. Dank täglicher Krankengymnastik ging ich immer sicherer und kam schließlich ganz ohne Gehhilfe aus. Das erhöhte wiederum meine Mobilität. Endlich konnte ich wieder die eigenen vier Wände verlassen und am gesellschaftlichen Leben teilnehmen. Außerdem war ich in der Lage, mich zu knien, um an untere Schränke heranzukommen oder um meine Schuhe anzuziehen. Ein Greifarm erleichterte es mir, heruntergefallene Gegenstände aufzuheben.

So war der Jahreswechsel 2002/2003 von Dankbarkeit und Freude geprägt. Drei befreundete Ehepaare feierten mit uns in Heddesheim. Nach dem Kaffee-Trinken gingen wir gepflegt Griechisch essen, lachten viel und verabschiedeten das alte Jahr mit Gebet, bevor wir um Mitternacht das prächtige Feuerwerk bewunderten. Die fröhliche Gemeinschaft war eine Wohltat! Schade, dass die Nacht so schnell verging. Nach einem gemütlichen Brunch am 1. Januar trennten sich unsere Wege wieder.

Neben unseren Freunden freuten sich auch meine Ärzte Dr. Beck, seine Arzthelferin Frau Bartholomae sowie Dr. Brust und sein Team mit mir über den verbesserten Gesundheitszustand. Noch vor zwei Monaten hätten weder sie noch ich selbst von solch einer positiven Entwicklung zu träumen gewagt. Damals ging es um Leben oder Tod. Jetzt war die Frage, wie ich mit meiner Behinderung klarkomme.

Mit Einschränkungen leben

Ich musste lernen, mit bleibenden Einschränkungen zu leben. Und das fiel schwer. Beispielsweise sollten nach dem Gebetskreis die Stühle aufgeräumt werden. Jeder half mit – außer mir. Ich durfte nicht, wegen meiner kaputten Wirbelsäule. Dabei wäre mir das Anpacken viel leichter gefallen als anderen bei der Arbeit zuzusehen. Im Anschluss daran fragten uns einige Freunde: »Geht ihr noch mit zum Eisessen?« Schweren Herzens musste ich absagen: »Leider nein, sonst straft mich mein Rücken!« Das tat weh! Kerstin und ich wären so gerne dabei gewesen!

Eine andere Alltagsszene: Wir hatten stets viel Besuch und freuten uns darüber. Allerdings waren nach drei Stunden die Grenzen meiner Belastbarkeit erreicht. Obwohl ich wusste, dass unsere Gäste sicherlich Verständnis dafür hätten, fiel es mir schwer zu sagen: »Mir geht es nicht so gut. Könntet ihr bitte gehen?«

Selbst bei Hausarbeiten traten Konflikte auf. Ich bin sehr ordnungsliebend. Deshalb ist es mir noch wichtiger als Kerstin, dass der Mülleimer nicht überquillt, dass das Auto einigermaßen sauber und die Wohnung aufgeräumt ist. Als mein Rücken noch mitspielte, packte ich einfach an, wenn ich es für nötig hielt. Nun stand ich ohnmächtig daneben und überlegte: »Bitte ich Kerstin, diese Arbeiten zu tun, obwohl sie momentan schon genug um die Ohren hat. Oder halte ich es aus, wenn nicht jedes Deckelchen auf seinem Töpfchen ist.« Häufig juckte es mich in den Fingern, unvernünftig zu sein und selbst Hand anzulegen. Zeit hatte ich ja genug. Aber der Rücken…

Sei es, wenn ich morgens in den Spiegel schaute und mein vom Kortison aufgedunsenes, entstelltes Gesicht sah. Sei es beim Spazierengehen, wo ich tatsächlich mehrmals gefragt wurde: »Warum bewegen Sie sich denn so steif?« Sei es meine Kurzatmigkeit, derentwegen ich beim Gehen kaum vorwärts kam. Sei es nachts, wenn ich das Bedürfnis hatte, in Seitenlage statt auf dem Rücken weiterzuschlafen, mein Verstand jedoch aufschrie: Das könnte deiner Wirbelsäule schaden! Oder sei es der geplante Kurzurlaub bei Freunden in Salzburg, der ins Wasser fiel, weil die Fahrt zu anstrengend gewesen wäre. Immer wieder wurde ich an meine

Krankheit erinnert, die mir dauerhaft meine Beweglichkeit, meine Unabhängigkeit und Selbstständigkeit genommen hatte.

Am Rand der Gesellschaft

Nicht nur das! Die Behinderung stellt mich an den Rand unserer Gesellschaft, in der Gesundheit regelrecht vergöttert wird. »Hauptsache gesund« hört man auf Geburtstagen und Jubiläen. »Fit und jung bleiben!« liest man in Illustrierten. In diesem Umfeld kam ich mir als Schwerstkranker manchmal vor wie ein bedauernswertes Nebenprodukt – nach dem Motto: »Je schwächer, desto weniger Mensch.« Gott sei Dank hatte ich andere Lebensziele als die Masse! Für Gott bin ich wertvoll – und darauf kommt es an. Allerdings musste ich mir das immer wieder bewusst machen, um nicht zu verzagen.

In gewisser Hinsicht machte mich meine Krankheit auch einsam. Zwar belastete es mich kaum, Tag für Tag viele Stunden alleine zu Hause zu sitzen. Mir reichte es, abends und am Wochenende unter Menschen zu sein. Überdies konnte ich mit Kerstin oder guten Freunden ehrlich über meine Nöte und Empfindungen reden. Doch sie hatten selbst nie etwas annähernd Ähnliches durchgemacht – sei es eine Chemotherapie, seien es Tumorschmerzen, sei es die Abhängigkeit von anderen. Natürlich fehlte ihnen deshalb das tiefe Verständnis.

Anders war das bei Gesprächen mit Krebskranken. Mit Steffen, der inzwischen leider an Krebs gestorben war, verstand ich mich stets ohne viele Worte. Ich bräuchte mich nur einer Selbsthilfegruppe anzuschließen, um solche Begegnungen wieder zu haben. Aber das wollte ich nicht. Denn was wäre die Folge? Ich würde mich zu viel um mich selbst drehen, um meine persönlichen Bedürfnisse, Probleme und Ängste. Nein, ich wollte meine Zeit und meine kleine Kraft nutzen, um anderen zu dienen, nicht mir selbst.

Der Traum vom »normalen Leben«

Also war ich hauptsächlich unter Gesunden, was seinen Preis hatte: Ab und zu träumte ich, ähnlich wie sie – ganz »normal« – zu leben. Ich schwärmte Kerstin vor: »Ohne die Krankheit wäre ich jetzt gewiss schon Dozent an der Fachhochschule. Die Arbeit wäre fordernd und würde Spaß machen. Der Verdienst wäre ausreichend, um dich und unsere Kinder zu ernähren. Du könntest dich vorrangig der Erziehung widmen. Und es bliebe gewiss genug Freiraum, um uns in der Gemeinde einzubringen.« Kerstin meinte dazu: »Bestimmt wäre das angenehmer als unser jetziges Leben. Aber es ist so weit weg, dass ich mir nur schwer vorstellen kann, wie unser Alltag konkret aussehen würde. Eigentlich bin ich trotz allen Härten zufrieden.«

Wenn Kerstin und ich am Sonntag in den Gottesdienst kamen, erhielten wir meist besondere Aufmerksamkeit. Mehrere Gemeindemitglieder kamen auf uns zu, um zu fragen: »Wie geht es dir, Kerstin? Und wie geht es dir, Nobby?« Sie freuten sich mit uns, wenn es aufwärts ging, sie litten mit, wenn wir schwere Phasen durchlaufen mussten, sie fieberten mit uns um die Zukunft. Einerseits tat uns diese Zuwendung gut. Sie bestärkte das Gefühl, geliebt zu sein. Andererseits träumten wir auch in diesem Zusammenhang gelegentlich davon, »ganz normal« zu sein.

Um einem weiteren Abbau der Knochensubstanz entgegenzuwirken, bekam ich alle drei Wochen eine Infusion. Bei dieser Gelegenheit fragte mich Dr. Brust: »Wie verkraften Sie den Rückschlag, nun gepflegt werden zu müssen?« Ich erwiderte: »Es fällt mir schwer, ohnmächtig und schwach zu sein. Ohne Kerstins Hilfe käme ich morgens nicht einmal aus dem Bett! Aber ändern lässt sich daran ohnehin nichts. Also versuche ich, die Situation aus Gottes Hand anzunehmen und das Beste daraus zu machen.« Kerstin ergänzte: »Wir bekommen viel Besuch und Unterstützung aus unserem Freundeskreis und von der Gemeinde. Das hilft uns sehr!« Dr. Brust merkte an: »Umgekehrt sind Sie ja auch ein Vorbild, wie man mit schwerem Leid umgehen kann!«

Dein bin ich

Anscheinend wirkten Kerstin und ich nach außen relativ stark. Wie oft bekamen wir schon zu hören: »Ihr geht wirklich vorbildlich mit eurer Situation um!« Selbst fühlte ich mich dagegen sehr schwach. Dietrich Bonhoeffer beschrieb diesen Kontrast in dem Gedicht »Wer bin ich?«. Ich griff einzelne Passagen aus diesem Gedicht heraus und formulierte sie um, so dass sie meine Gefühle widerspiegelten: »Sie sagen, ich träte gelassen und heiter auf.

Sie sagen, ich träge Tage des Unglücks gleichmütig, lächelnd und stolz, wie einer, der Siegen gewohnt ist. Bin ich das wirklich, was sie von mir sagen? Oder bin ich nur das, was ich selbst von mir weiß: Sehnsüchtig, krank, ringend nach Lebensatem; umgetrieben vom Warten auf große Dinge; müde und leer zum Beten, zum Denken, zum Schaffen; matt und bereit, von allem Abschied zu nehmen. Wer bin ich? Der oder jener? Bin ich denn heute dieser und morgen ein andrer? Bin ich beides zugleich, vor Menschen ein Heuchler? Und vor mir selbst ein wehleidiger Schwächling? Wer bin ich? Wer ich auch bin, du kennst mich. Dein bin ich, oh Gott!«

Das wusste ich bei allen Hochs und Tiefs in meiner Gedankenwelt: »Dein bin ich, oh Gott!« Und das hielt mich: Der stille Umgang mit Gott! Je mehr die Kräfte schwanden, je schlechter es mir ging, je mehr ich auf die Hilfe anderer angewiesen war, je näher ich dem Tod war, desto mehr Zeit brauchte ich zum Bibellesen und zum Beten.

Fürglaube

Und wenn ich zu müde oder zu leer zum Lesen und Beten war? Dann konnte ich sicher sein: Andere Christen, ganze Gemeinden beten für uns. Besonders gerührt war ich, wenn Kinder für mich beteten. Mein Freund Wolfgang erzählte mir vom fünfjährigen Julian, der genau wie seine älteren Geschwister jeden Tag für mich betet, meistens sogar mehrmals – obwohl er mich nicht kennt. Er tut das unaufgefordert, seitdem er von seinen Eltern hörte, dass es mir so schlecht geht. Und Julian ist kein Einzelfall!

Unser Freund Hartmut hatte einige junge Erwachsene zusammengetrommelt, die sich regelmäßig trafen, um speziell für einen anderen Krebskranken und für uns zu beten. Markus schrieb zu diesem Kreis: »Wir haben uns über die Richtung unserer Gebete Gedanken gemacht und keinen Grund gesehen, nicht um Heilung zu bitten. Paulus betete um Heilung, bis er vom Herrn eine eindeutig andere Antwort bekam und ihm der Sinn seiner Schwachheit erläutert wurde (2. Kor 12,8). Mose betete dafür, in das verheißene Land einziehen zu dürfen, bis Gott es ihm verwehrte (5. Mo 3,25.26). Selbst der Herr Jesus äußerte im Garten Gethsemane seinen eigenen Wunsch (Mt 26,39): ›Mein Vater, wenn es möglich ist, so gehe dieser Kelch an mir vorüber!‹ Deswegen möchten wir bis auf Widerruf von oben für Heilung bitten.«

Mich ermutigte diese Zuversicht anderer Christen enorm. Sie stärkte meine Hoffnung, dass Gott mich noch heilen könnte. »Beten ist nicht einfach«, überlegte ich. Man muss ein Gespür dafür entwickeln, dem allmächtigen und weisen Gott einerseits erwartungsvoll gegenüberzutreten und andererseits loszulassen vom eigenen Willen. Im Blick auf meine Krankheit hielt ich es für richtig, mutig für Heilung zu bitten, und zwar bis auf Widerruf von oben – bis Gott mir deutlich macht, dass es nicht sein Wille ist.

Trotz der kühnen Gebete wollte Gott zumindest momentan seine Macht offensichtlich durch seine Hilfe in der Not offenbaren, nicht durch ein Heilungswunder. Eine gute Bekannte aus unserer Gemeinde sah es ähnlich. Sie schrieb mir ihr Gebet auf, das mich sehr bewegte: »Lieber Herr Jesus, wir beten so oft für ein Wunder. Wie blind sind wir denn schon geworden. Du hast an Norbert ein so großes Wunder vollbracht und wir erkennen es nicht. Vor unseren Augen durften wir sehen, wie er dir immer ähnlicher wurde, das ist immer wieder eines der größten Wunder, die du vollbringen kannst. Du hast dich allerdings durch Leid, durch schweres Leid an ihm verherrlicht. Du hast durch ihn anderen gezeigt, dass es in dieser Dunkelheit noch ein Licht gibt. Wie viele zu dir gefunden haben, durch Norberts Krankheit, werden wir erst im Himmel erfahren. Herr, lass es uns in unseren Herzen erkennen, dass wir wirkliche Wunder die ganze Zeit erleben durften. Deine Wege sind nicht unsere Wege. Amen.«

Zwischen Anspannung und Entspannung

Anfang April 2003 bekam ich erneut zu spüren, wie zerbrechlich ich bin. Es war wie eine neue Begegnung mit dem Tod, so sehr litt ich an Erschöpfung, Schwäche und Schmerzen. Noch dazu waren diesmal die Aussichten geringer, den Schmerzen mit wirksamen Medikamenten zu begegnen. Die zusätzliche Einnahme von Subutex brachte nicht viel. Und wenn ich die Dosis anderer, leichterer Schmerzmittel erhöhte, lachte mich der Tumor regelrecht aus, weil sie wie der berühmte Tropfen auf den heißen Stein wirkten. Das hieß: Zähne zusammenbeißen und hoffen, dass es bald besser wird.

Mit den Schmerzen kamen auch die bangen Fragen zurück: »Werde ich bald querschnittsgelähmt sein? Wie werde ich es ertragen, meine Beine sowie einen Großteil meines Oberkörpers nicht mehr zu spüren, die Kontrolle über das Wasserlassen und die Darmentleerung zu verlieren, noch viel mehr als jetzt von Kerstin und anderen abhängig zu sein?«

Ich kämpfte täglich mit dem Bewusstsein: »Jeglicher Aktivität des Tumors stehe ich ohnmächtig gegenüber. Aber es liegt an mir, wie ich darauf reagiere.« Wenn ich müde war – zu nichts in der Lage, wenn ich mich unwohl fühlte oder wenn mir die Decke auf den Kopf fiel, konnte ich mich tiefer und tiefer in negative Gedanken verstricken lassen. Oder ich konnte mich dagegenstellen und sagen: »Schluss damit! Ich versuche jetzt, an meiner Biographie weiterzuschreiben. Und falls ich mich dabei nicht konzentrieren kann, lege ich mich ins Bett und schlafe.«

Im Laufe der Zeit lernte ich, das rechte Gleichgewicht zwischen Anspannung und Entspannung zu finden. Manchmal war es dran, mich trotz Müdigkeit zum Arbeiten zu überwinden. Ein anderes Mal war es besser, mir die nötige Ruhe zu gönnen, anstatt mich zu quälen!

In den folgenden Frühlingsmonaten ging es wie gewohnt auf und ab in der Achterbahn meines Ergehens. Neben den üblichen Launen des Krebses spielte das Wetter dabei eine wesentliche Rolle. In mir war so etwas wie ein prophetischer Kalender, der jeden Wetterwechsel voraussagte. Sobald sich die Temperatur, der Luftdruck oder die Luftfeuchtigkeit änderte, bekam ich das in Form von Schmerzen und Müdigkeit zu spüren.

Während der anhaltenden Hitzephase von Juni bis August 2003 schwitzte mein in das Korsett gepresster Oberkörper fürchterlich. Mir blieb nichts anderes übrig, als mich tagsüber in der Wohnung aufzuhalten. Das gesellschaftliche Leben begann erst am späten Nachmittag. Doch was war das Schwitzen, was war selbst meine Behinderung im Vergleich zu den starken Schmerzen, der Atemnot und der extremen Erschöpfung, die ich bereits durchstehen musste? Ende letzten Jahres hätten Kerstin und ich uns nicht zu träumen gewagt, diesen Sommer so genießen zu können. Doch bei Gott ist kein Ding unmöglich!

[32] Gott baut mein Lebenshaus

Gott ist nicht nur allmächtig. Er ist auch unfassbar groß – zu groß für mein begrenztes Denken. Das hatte ich inzwischen erkannt: Es gelingt mir weder, im Nachhinein voll und ganz Gottes Wege nachzuvollziehen, noch kann ich das vorausahnen, was er mit mir plant. Er zeigt immer wieder neue Möglichkeiten auf, an die ich nicht einmal ansatzweise gedacht hätte.

In der Tat schätzte ich Gott in den 13 Jahren meines Lebens als Christ oft völlig falsch ein. Dennoch halte ich es für richtig, mich viel mit Warum- und Wozu-Fragen auseinander gesetzt zu haben. Sonst wäre ich in das Stadium eines leblosen Christen abgerutscht.

Stattdessen hat Gott an mir gearbeitet, mich verändert, etwa so wie es der englische Schriftsteller George MacDonald (1824-1905) in einem Gleichnis dargestellt hatte: Angenommen ich sei ein lebendiges Haus. Gott kam in dieses Haus, weil er es umbauen wollte. Zunächst verstand ich noch, was er dort tat. Er brachte die Abzugsrohre in Ordnung und besserte die Schäden auf dem Dach aus. Weil ich wusste, dass diese Reparaturen fällig waren, war ich nicht weiter überrascht. Aber auf einmal begann er, im Haus auf eine Weise herumzuklopfen, die höchst schmerzhaft war und zudem noch sinnlos erschien. Was hatte er bloß vor? Er baute ein völlig anderes Haus als das, was mir vorschwebte; fügte hier einen Seitenflügel an, zog dort eine Zwischendecke ein, baute Türme und legte Höfe an. Ich hatte geglaubt, er würde ein nettes kleines Häuschen aus mir machen. Er aber wollte einen Palast errichten.

Im Rückblick verstehe ich, warum uns Jesus Christus auffordert, die Kosten zu überschlagen, bevor wir Christ werden. Wir müssen nicht zu ihm kommen, aber wenn wir kommen, müssen wir damit rechnen, dass er ganze Arbeit leistet! Gott möchte etwas Gewaltiges aus seinen Kindern machen. An meinem Lebenshaus hat er nun schon jahrelang gebaut. Doch ein Palast ist es gewiss noch nicht. Es gibt noch viel zu tun – wenn ich allein an meine charakterlichen Schwächen denke. Vollkommen können wir auf dieser Erde zwar nie werden. Gott möchte mit uns jedoch so weit kommen wie möglich.

Deshalb bleibt das Leben mit dem Herrn Jesus spannend. Er handelt nicht nach »Schema F«, sondern hat für jedes seiner Kinder einen individuellen Weg, um es zu einem Palast umzubauen. Bei ihm ist jeder ein Original. Du bist du! Ich bin ich! Niemand wurde in der Vergangenheit von Gott genauso geführt wie ich. Und niemand wird in Zukunft genauso wie ich geführt werden.

Bei Einzelnen überwiegt die Freude, bei Vielen der Schmerz. Niemand, der Jesus Christus als seinen persönlichen Heiland annimmt, darf überrascht sein, wenn er auf dieser Erde leiden muss. Einer geht durch Nöte in der Familie, der andere im Beruf. Manche erleiden Nachteile, weil sie Christen sind, andere sind depressiv oder krank. Jesus Christus sagt sinngemäß (Joh 21,22): »Schau nicht auf andere! Folge du mir nach!« Und dazu möchte ich ermutigen: Folge diesem Herrn nach, der sich für dich zu Tode geliebt hat! Kein Preis ist zu hoch, sich ihm anzuvertrauen!

Trotz aller Schmerzen, die ich in den letzten Jahren ertragen musste, kann ich von ganzem Herzen bezeugen: Selbst wenn der Weg mit Christus als Herrn schwerer wäre als ein Weg ohne ihn; selbst wenn ich wüsste: »Falls du nicht Christ wärst, hättest du niemals Krebs bekommen!«; selbst wenn mir jemand lebenslange Gesundheit, ja die ganze Welt anbieten würde – es gibt kein irdisches Glück, das ich für ein Leben und ein Sterben mit Jesus Christus eintauschen würde.

Wie Gott meine Biographie weiter schreibt, wie er an mir weiterbaut, bleibt sein Geheimnis. Aus ärztlicher Sicht steht mein Tod nahe bevor. Nur Gottes übernatürliches Eingreifen kann ihn abwenden. Darüber würde ich mich riesig freuen – geheilt zu werden, gesund zu sein und mit Kerstin alt zu werden. Weil ich aber sicher bin, dass Gott keine Fehler macht, könnte ich auch den weiteren Verfall meines Körpers und einen baldigen Tod aus seiner Hand annehmen. Mein Wunsch ist, dass sein Wille geschieht!

Dietrich Bonhoeffer hatte wohl ähnliche Gefühle, als er kurz vor seinem Abtransport zur Hinrichtung noch einen Gottesdienst unter Gefangenen hielt, den er mit den Worten schloss[1]: »Wenn es doch dein Wille ist, uns noch einmal Freude an dieser Welt, an ihrer Sonne Glanz zu schenken, dann hilf uns, dieser schweren

---

[1] Glazener, Mary. »Der Kelch des Zorns«, S. 505ff., Brunnen-Verlag.

Erfahrung zu gedenken, damit von nun an unser Leben dir ganz gehört. Doch was auch immer kommen mag, lass es uns dankbar und ohne Zittern annehmen aus deiner guten Hand.«

Das ist auch mein Ziel: Unabhängig davon, wie es weitergeht, unabhängig davon, wie lange ich noch lebe – die mir verbleibenden Tage sollen Jesus Christus allein gehören. Er soll so an meinem Lebenshaus weiterbauen, wie er es für richtig hält, selbst wenn das noch mehr Leid mit sich bringen sollte! Das sage ich deshalb so unverblümt, weil ich felsenfest überzeugt bin: Mein Herr wird mir in Zukunft genauso helfen, mich genauso vor Verbitterung und Verzweiflung bewahren, wie er es in der Vergangenheit tat. Denn er liebt mich.

Und ihm ist alle Macht gegeben im Himmel und auf Erden. Deshalb wird er mich gewiss nicht entlassen aus diesem Leben, bevor ich meine Aufgabe erfüllt habe, bevor ich nicht das bin, was er aus mir machen möchte. Und wenn es so weit ist, freue ich mich, zu ihm nach Hause gehen zu dürfen.

Inzwischen ist es fast Mitternacht. Die Kerze ist bis auf den Stumpf abgebrannt, die Weingläser sind ausgetrunken, das leckere Essen verzehrt. Unsere Gäste verabschieden sich. Meine liebe Frau Kerstin und ich gehen ins Bett, danken Gott für diesen herrlichen Tag und schlafen zufrieden ein – trotz allem.

dLV

Paperback

Retief, F.

Warum? - Schweigt Gott?

256 Seiten
ISBN 3-89397-258-7

11 Tote und 55 zum Teil schwer verletzte Personen – das war die erschütternde Bilanz nach dem Massaker vom 25. Juli 1993 in der St.-James-Gemeinde in Kapstadt. Erfahren Christen solches Leid, sehen sie sich oft tief nagenden Fragen gegenüber: Warum lässt Gott das gerade in meinem Leben zu? Habe ich versagt, oder wie habe ich das zu verstehen? Wie kann man mit solchen oder ähnlichen Tragödien leben, wie mit ihren Nachwirkungen umgehen? Der Autor hat als Pastor von St. James die Schrecknisse des Überfalls auf seine Kirche durchlitten und lässt uns in diesem Buch miterleben, was Gott ihm und seiner Gemeinde über wahrhaft christlichen Umgang mit Trübsal und Leid zeigen konnte.